Sandra Sommerfeld / Judith Le Huray

Der Wald

Aktivgeschichten und Projekte für die Praxis

Materialien für den Kindergarten

Hase und Igel®

© 2014 Hase und Igel Verlag, Garching b. München
www.hase-und-igel.de
Lektorat: Renate Krapf, Elena Jell
Satz: Helga Lindemann
Illustrationen: Irene Mohr
Druck: Himmer AG, Augsburg

ISBN 978-3-86760-892-3

Inhalt

Inhalt

Moose, Pilze, Kräuter und Sträucher

Inhalt

Tiere im Wald

Abenteuer und Spiele im Wald

Vorwort

Projekt „Der Wald"

Verbringen Sie auch gerne ab und zu Ihre Freizeit im Wald? Genießen Sie die Natur, das Vogelgezwitscher und die Ruhe? Dann geht es Ihnen wie vielen anderen Menschen auch. In einem so dicht besiedelten Land wie Deutschland ist es nicht verwunderlich, dass dem Wald als Erholungsort große Bedeutung zukommt. Immerhin nimmt er noch ein Drittel der Fläche unseres Landes ein und hat auch als biologische Ressource und als Wirtschaftsfaktor einen hohen Stellenwert. Nicht zuletzt ist der Wald für viele ein geheimnisvoller und mythischer Ort, in dem zahlreiche Märchen und Sagen angesiedelt sind.

Seit Jahrtausenden verändern und prägen wir Menschen den Wald. Der ehemalige Urwald wurde zum „Wirtschaftswald", der uns Bauholz und Heizmaterial bietet sowie unseren Speiseplan mit Wildfleisch, Früchten, Kräutern oder Pilzen bereichert. Der Wald ist unentbehrlich für uns. Er ist nicht nur Lebensraum für viele Tier- und Pflanzenarten: Er produziert auch den lebensnotwendigen Sauerstoff, dient als Luft- und Wasserspeicher und schützt gegen Wind, Erosionen und Lärm – und er beeinflusst wie unsere Ozeane maßgeblich das globale Klima.

Gründe genug, um den Wald genauer in den Blick zu nehmen und mit den Kindern regelmäßig spielerisch zu erforschen.

Für die Kinder bietet der Wald unerschöpfliche Erfahrungsfelder. Überall gibt es etwas zu entdecken und zu erleben. Während manche Kinder einfach durch den Wald streunen, bauen andere mit herumliegenden Ästen oder beobachten Tiere und erforschen die große Pflanzenvielfalt. Verschlungene Pfade versprechen Abenteuer oder ein Bach lädt zum Spielen ein. Finden die Waldexkursionen zu verschiedenen Jahreszeiten statt, können die Kinder die Veränderungen in der Natur ganz bewusst beobachten.

Durch spielerisches Erleben mit allen Sinnen lernen sie nicht nur das Ökosystem Wald kennen, sie entdecken auch die Zusammenhänge in der Natur. Entwickeln Sie gemeinsam mit den Kindern weitere Spielideen rund um das Thema. Dadurch wird der Wald allmählich auch zu einem „Vertrauten", zu dem die Kinder einen emotionalen Bezug entwickeln, zu jemandem, der geschützt und gut behandelt werden sollte.

Dieser Band greift all diese Aspekte auf und bietet Ihnen in fünf Kapiteln Angebote zu allen Bildungsbereichen, aus denen Sie gemeinsam mit den Kindern ein Waldprojekt entwickeln können:

- Waldbäume
- Der Waldboden und seine Bewohner
- Moose, Pilze, Kräuter und Sträucher
- Tiere im Wald
- Abenteuer und Spiele im Wald

In den ersten vier Kapiteln lernen die Kinder die Pflanzen- und Tierwelt des Waldes sowie Naturzusammenhänge kennen. Das fünfte Kapitel lädt die Kinder ein, sich mit den emotionalen Aspekten des Waldes als „Abenteuer-Ort" auseinanderzusetzen.

Sie erhalten vielseitige Anregungen zu Naturerlebnissen, Wahrnehmungsangeboten, Spielideen, Mitmachgeschichten, Bewegungsaktivitäten, Kreativangeboten und Liedern rund um das Thema Wald. Lassen Sie sich von der Entdeckungsfreude der Kinder inspirieren. Beteiligen Sie die Kinder an der Planung und Durchführung des gesamten Projekts, indem Sie deren Ideen aufnehmen und gemeinsam mit ihnen umsetzen. Informieren Sie die Eltern vorab über die Themen und dokumentieren Sie den Fortgang des Projekts. Eine Planungsunterstützung für Exkursionen in den Wald mit Tipps für Verhaltensregeln, Gedanken zur Aufsichtspflicht sowie Anregungen für wichtiges „Waldgepäck" finden Sie im Anschluss an diese einleitenden Worte auf Seite 8/9.

Struktur der Kapitel

Die fünf Kapitel folgen alle dem gleichen Aufbau: Sie sind in Einleitung, Aktivgeschichte und Praxisseiten gegliedert.

Einleitung

Zu Anfang finden Sie eine kurze Einführung in den Themenbereich. Anschließend wird die Aktivgeschichte zusammengefasst und ihre Besonderheiten werden kurz erörtert. Der nächste Abschnitt gibt einen Überblick über die Praxisseiten und damit über die verschiedenen Aktivitäten des Kapitels.

Aktivgeschichte

Kinder lieben es, Geschichten zu lauschen. Sie schlüpfen häufig in Rollen von Figuren, die sie aus den Geschichten kennen, und leben deren Abenteuer nach oder variieren sie mit viel Fantasie. Diese Freude an der Identifikation und am Rollenspiel wird mit den Aktivgeschichten aufgegriffen. Sie sind inhaltlich auf den Themenbereich des jeweiligen Kapitels ausgerichtet und eignen sich als Einleitung und Impulsgeber für die nachfolgenden Aktivitäten. Einige Angebote sind direkt mit den Geschichten verknüpft. Auf diese Weise werden die Kinder motiviert, die Inhalte der Geschichten zu vertiefen. Je nachdem, welche Themen die Kinder gerade beschäftigen, können sich aus den Aktivgeschichten ganz unterschiedliche Fragestellungen und Aktivitäten ergeben. Die Praxisseiten sind deshalb als Ideensammlung zu verstehen, die jederzeit an die Interessenlage der Kinder angepasst werden kann.

Die Besonderheit der Aktivgeschichten liegt in der Verknüpfung von Sprache mit Bewegung, Gestik und Mimik. Die Kinder hören nicht nur zu, sondern beteiligen sich aktiv mit ihrem ganzen Körper an der Handlung. Dies erleichtert zum einen das Verständnis, zum anderen lernen die Kinder damit auch die nonverbalen Aspekte der Kommunikation kennen. Und ganz nebenbei erweitern sie spielerisch ihren Wortschatz.

Die Aktivgeschichten werden übersichtlich in zwei Spalten präsentiert: Innen steht die Vorlesegeschichte; die Begriffe, die dargestellt oder mitgesprochen werden, sind fett gedruckt. In der Randspalte finden sich die dazu passenden Bewegungen und Äußerungen. Die Kinder fallen während des Vorlesens nach und nach in Ihre Darstellung mit ein. Die Aktivgeschichten können im Morgenkreis mit der ganzen Gruppe gelesen und gespielt werden. In ihrem eigenen Tempo wirken die Kinder an den Geschichten mit. Jüngere beteiligen sich zunächst vielleicht noch etwas zögerlich, beim wiederholten Lesen werden sie aber zunehmend aktiver.

Bei der Erprobung der Aktivgeschichten in der Praxis hat sich gezeigt, dass die Kinder viele Gesten rasch verinnerlichen. Sie können die Geschichten auch den Reaktionen der Kinder entsprechend variieren.

Praxisseiten

Schwerpunkt der Aktivitäten auf den Praxisseiten ist der jeweilige Themenbereich des Kapitels. Dabei werden verschiedene Bildungs- und Kompetenzbereiche berücksichtigt. Diese basieren auf den Bildungs- und Erziehungsplänen bzw. -empfehlungen für Elementarpädagogik der Bundesländer, z. B.:

- Forschen und entdecken: Eine Bodenuntersuchung, ein Sockenspaziergang oder die Beobachtung von Waldtierchen sind nur einige der Angebote, bei denen die Kinder forschen und erste Einblicke in biologische Vorgänge erlangen können. Beim gemeinsamen Erleben des Waldes gibt es immer etwas zu entdecken und die Kinder erweitern spielerisch ihr bisheriges Wissen.
- Sprache und Literacy: Mitmachgeschichten, Verse und Lieder sind gezielte Angebote, die die Sprachentwicklung der Kinder anregen. Doch auch der Austausch über Erlebnisse und das Kommunizieren über Ideen, Eindrücke, Gedanken und Gefühle unterstützen ihre Sprachkompetenz.
- Körper, Bewegung und Gesundheit: Den Wald mit allen Sinnen wahrzunehmen, darin herumzutoben oder Schätze zu suchen, unterstützt die Bewegungslust und hilft dabei, das eigene Körpergefühl weiterzuentwickeln.
- Kreativität und Musik: Naturmaterialien zur freien Gestaltung und musikalische Angebote dienen dem kreativen Ausleben eigener Ideen.

Die Angebote können einzeln herausgegriffen, aber auch miteinander kombiniert und aufeinander aufbauend verwendet werden. Die Verzahnung von verschiedenen Aktivitäten ermöglicht den Kindern ganzheitliches Lernen. Alle Aktivitäten fördern sowohl den Wortschatz als auch das Sachwissen der Kinder.

Eine übersichtliche Randspalte gibt Auskunft über die Art der Aktivität, die angesprochenen Bildungs- und Kompetenzbereiche, die empfohlene Anzahl der beteiligten Kinder, den Schwierigkeitsgrad und die mögliche Dauer der Aktivität sowie die benötigten Materialien.

Um die Aktivitäten einzuleiten, bietet es sich an, im Morgenkreis mit der ganzen Gruppe das Vorhaben zu besprechen. So können die Kinder sich entscheiden, an welchen Aktivitäten sie sich beteiligen möchten, oder selbst Vorschläge machen. Die meisten Ange-

Vorwort

bote eignen sich für interessierte Kinder in Kleingruppen. Einige andere, wie Kreisspiele, Bewegungsspiele und Exkursionen, sind für die ganze Gruppe gedacht. Eine besondere Stellung nehmen die Gestaltungsvorlagen ein: Sie eignen sich vor allem für 5- bis 6-Jährige. Diese Seiten werden kopiert und die Kinder können sie dann weitgehend eigenständig bearbeiten.

Die Infoseiten stellen eine weitere Besonderheit dar. Hier geben wir Ihnen viele Hintergrundinformationen zu zentralen Themen an die Hand.

Die aufgezeigten Aktionen in dem Buch lassen Ihnen den Freiraum, sie auf die Kinder Ihrer Gruppe abzustimmen und durch Ihre eigenen Ideen zu ergänzen. Das Thema Wald ist zu jeder Jahreszeit aktuell und eröffnet den Kindern sowohl bei einer kurzen Exkursion als auch bei einem länger dauernden Projekt immer wieder neue Erlebnis- und Erfahrungsräume. Planen Sie deshalb regelmäßig Waldtage ein und entdecken Sie gemeinsam mit den Kindern die unermessliche Vielfalt des Waldes.

Wir wünschen Ihnen eine naturnahe und erlebnisreiche Zeit!

Sandra Sommerfeld und Judith Le Huray

Planungsunterstützung und Hinweise für Waldexkursionen

Vor einer Exkursion in den Wald gibt es einige wichtige Informationen zu beachten, um mögliche Gesundheitsrisiken für die Kinder zu minimieren und auch die Tiere des Waldes nicht zu gefährden, z. B.:

- Vom 1. April bis zum 15. Juli ist Brut- und Setzzeit. Es gilt, besonders achtsam zu sein, damit die Tiere und ihre Jungen nicht aufgeschreckt werden.
- Zecken halten sich vor allem von März bis Oktober in niedrigen Sträuchern, auf Gräsern oder Farnen auf. Sie können Frühsommer-Meningo-Enzephalitis (FSME; Impfung möglich) und Lyme-Borreliose übertragen. Da Zecken beim bloßen Vorbeigehen abgestreift werden, sollten die Kinder Kleidung tragen, die den Körper vollständig bedeckt. Nach der Waldexkursion müssen Sie die Kinder nach Zecken absuchen. Zecken entfernen Sie mit einer Zeckenzange; Öl, Nagellack oder Klebstoff sind dazu nicht geeignet.
- Der kleine Fuchsbandwurm wird über infektiöse Eier im Fuchskot verbreitet. Die Kinder dürfen deshalb keine Waldfrüchte o. Ä. in ungekochtem Zustand essen. Auch Baumstümpfe als Frühstücksplätze sollten Sie vermeiden, da die Füchse dort gerne ihre Losung hinterlassen.
- Die Tollwut ist eine lebensbedrohliche Virusinfektion, die durch den Biss bzw. Speichel eines erkrankten Tieres übertragen wird. Beim örtlichen Forstamt erfahren Sie, ob Tollwut in Ihrer Region vorkommt und wo evtl. Impfköder ausgelegt wurden.

Regeln und Absprachen mit den Kindern

Geben Sie den Kindern für den Waldaufenthalt durch klare Regeln Orientierung und Sicherheit. Wenn Sie die Regeln gemeinsam aufstellen und besprechen, fühlen sich die Kinder verantwortlich, diese umzusetzen, und können deren Sinn eher erfassen. Ein gut sichtbar aufgehängtes Plakat, das die verbindlichen Absprachen schriftlich und per Bild zusammenfasst, erleichtert es den Kindern, sich die Regeln immer wieder zu vergegenwärtigen, z. B.:

- Ich gehe achtsam mit den Pflanzen des Waldes um. Zum Spielen und zum kreativen Gestalten benutze ich herumliegende Naturmaterialien.

- Ich gehe achtsam und vorsichtig mit den Tieren des Waldes um:
  - Außerhalb des ausgesuchten Rast-, Spiel- und Forschungsplatzes verhalte ich mich möglichst leise, um die Tiere nicht zu verschrecken.
  - Tiere dürfen beobachtet, jedoch nicht gestört oder geärgert werden.
  - Nistplätze, Eier und Jungtiere dürfen nur aus der Ferne betrachtet werden.
  - Losungen, Wildtiere und deren Kadaver dürfen nicht berührt werden.
- Ich darf keine Pflanzen, Pilze oder Beeren in den Mund stecken, da diese giftig oder mit Spuren von Tieren behaftet sein können, die eine Gefahr für Menschen darstellen (z. B. Fuchsbandwurm). Auch ein auf den Boden gefallenes Butterbrot darf nicht mehr gegessen werden.
- Ich stecke die Finger nicht in den Mund und wasche mir vor dem Essen und nach der Exkursion gut die Hände.
- Ich trinke kein Wasser aus einem Bach oder einem Tümpel.
- Ich lasse keinen Abfall im Wald zurück.
- Ich bleibe in Sichtweite der Erwachsenen und des Treffpunkts.
- Zecken können Krankheiten verursachen. Wer eine am Körper entdeckt, gibt der Erzieherin Bescheid.

Aufsichtpflicht im Wald

Generell gilt wie im normalen Kindergartenalltag, dass Sie die Kinder individuell richtig einschätzen, um ihnen genügend Freiräume zu lassen, aber auch Grenzen zu setzen und ggf. Einhalt zu gebieten. Im Rahmen der Aufsichtspflicht sollten Sie bei einer Waldexkursion mit besonderen Gefahrensituationen rechnen. Klären Sie im Vorfeld folgende Punkte ab.

- Erkunden Sie das Gelände und grenzen Sie das Waldgebiet für die Kinder klar ab. Weisen Sie die Kinder auf eventuelle Gefahren ausdrücklich hin.
- Klären Sie auch die Unfallversicherungspflicht ab. Obliegt die Trägerschaft der Kommune, der Kirche oder einem freien Träger, sind Sie in der Regel bei einer Exkursion über den Gemeindeunfallversicherungsverband (GUV) abgesichert.
- Frischen Sie Ihre Grundkenntnisse in Erster Hilfe auf.

Unverzichtbares „Waldgepäck"

Für eine Exkursion in den Wald sollten Sie und die Kinder bestens ausgerüstet sein. Der Rucksack der Kinder sollte eine bruchsichere, verschließbare Trinkflasche, eine stabile Dose mit Frühstück und ggf. einen Trinkhalm enthalten. In den Rucksack der Erzieherin oder ggf. in den Bollerwagen gehören z. B.:

- eine Notfalltasche mit Handy (mit Telefonnummern vom Träger, von Eltern, Ärzten, Krankenwagen, Giftzentrale, Forstamt), Verbandszeug, Zeckenzange, wärmeisolierende Decke, Dosen zum Aufbewahren von Zecken oder Giftpflanzen, Sonnenschutzmittel, Trillerpfeife
- eine Flasche mit Wasser zum Händewaschen oder zum Säubern von Wunden, Seife, Papiertücher
- Plastiktüten als Sitzunterlage
- Material für die geplanten Waldaktionen
- (Gift-)Pflanzenbestimmungsbuch
- Toilettenpapier, kleine Schaufel.

Waldbäume

Zum Thema

Wer vor lauter Bäumen den Wald nicht mehr sieht, hat sprichwörtlich den Überblick verloren. Doch wer den einzelnen Baum im Wald einmal genauer betrachtet, stößt auf außergewöhnliche und sehr langlebige Pflanzen mit einer faszinierenden Vielfalt von Eigenarten. Manche Bäume in Mitteleuropa erreichen eine Höhe von bis zu 40 Metern und werden an manchen Standorten sogar mehr als 1000 Jahre alt. Einige Baumarten erreichen dabei einen so gewaltigen Umfang, dass es mehrere Menschen braucht, um ihren Stamm mit den Armen zu umfassen.

Allein die unglaubliche Größe von Bäumen ist für Kinder sehr faszinierend. Sie können sich oft gar nicht vorstellen, dass auch ein Baum zu den Pflanzen zählt und aus einem kleinen Samenkorn entstanden ist. Wenn sie sehen, wie lange es alleine dauert, bis aus einem Samen ein Keimling hervorkommt, bekommen die Kinder eine Ahnung davon, dass die Lebenszeit eines Menschen nicht ausreicht, bis ein ganzer Wald gewachsen ist – und zugleich wird deutlich, wie notwendig es ist, rücksichtsvoll mit dem „Lebewesen Baum" bzw. dem Wald umzugehen.

Doch welche Bäume finden wir eigentlich im Wald? Wie heißen sie und wie können wir sie unterscheiden? Werden Sie mit den Kindern zum Baumforscher und untersuchen Sie die Früchte und Blätter, die Wuchsform und die Rinde bzw. Borke eines Baums einmal genauer – alles wichtige Merkmale, um einen Baum bestimmen zu können.

Bäume sind aus unserer Kulturlandschaft nicht wegzudenken. Sie werden seit jeher und weltweit als Holzlieferanten genutzt und auf unterschiedlichste Weise verarbeitet. Abgesehen von der Verwendung als Brennholz, ist der Rohstoff Holz ein vielseitiger Bau- und Werkstoff, dessen Eigenschaften und relativ einfache Verarbeitungsmöglichkeiten auch Kinder zur Gestaltung reizen. Nicht zuletzt sind Bäume mit Brauchtum verknüpft – und das ist für die meisten Kinder alljährlich direkt zu erleben: geschmückte Nadelbäume in der Weihnachtszeit.

Aktivgeschichte

Die Vorschulkinder machen mit ihrer Erzieherin, Frau Mai, einen Ausflug in den Wald. Sie entdecken verschiedene Laubbäume und sammeln deren Blätter und Baumfrüchte. Dann kommen sie in den Nadelwald und betrachten die unterschiedlichen Zweige von Fichte und Tanne.

Da es sehr heiß ist, schlägt Lea vor, Eis essen zu gehen. Doch Frau Mai meint, dass sie dafür kein Geld dabeihaben. Als sie wieder Richtung Kindergarten aufbrechen wollen, weiß Frau Mai nicht mehr, aus welcher Richtung sie gekommen sind. Zum Glück kann Alex sich noch erinnern!

Auf dem Rückweg durch den Laubwald macht es den Kindern viel Spaß, durch das raschelnde Laub zu laufen. Dabei findet Lea auf dem Waldboden eine Brosche mit einem goldenen Blatt, die sehr wertvoll aussieht. Kurz danach kommt den Kindern eine Frau entgegen, die offensichtlich auf dem Boden etwas sucht. Es stellt sich heraus, dass sie die goldene Brosche verloren hat. Sie ist sehr glücklich, als Lea sie ihr zurückgibt. Als Dank dafür erhält Lea zehn Euro Finderlohn. Nun können die Kinder mit ihrer Erzieherin doch noch Eis essen gehen.

Praxisseiten

Die Infoseite zu den wichtigsten Waldbäumen mit passenden Gestaltungsvorlagen bietet Ihnen zum Einstieg Hintergrundinformationen für die nachfolgenden Angebote und Vertiefungsmaterial für die Kinder (S. 16–18).

Ideen zu Waldexkursionen, bei denen Sie verschiedene Themenaspekte wie „Wald und Witterungseinflüsse" mit den Kindern spielerisch erkunden, geben Ihnen die Seiten 19 und 20. Es folgen Aktivitäten, die den Kindern den Baum als Lebewesen vor allem auf der sensorischen Ebene nahebringen (S. 21 / 22) sowie Vorschläge zu Naturerkundungen (S. 23–26), bei denen die Kinder Bäume erkennen lernen. Beim Sammeln von Blättern, Blüten und Früchten erweitern die Kinder über ihre Wahrnehmungsfähigkeit hinaus ihr Sprachvermögen und ihren Wortschatz und erhalten nicht zuletzt beim Herstellen von Rinden-Rubbelbildern und Rindenabdrücken aus Ton gestalterisch die Gelegenheit, ihre Erfahrungen zu verarbeiten.

Der Baum in den verschiedenen Jahreszeiten wird für die Kinder als Mitmachgeschichte (S. 28 / 29) erlebbar. Sie setzen dabei Gehörtes in Bewegung um und können diese körperliche Erfahrung mit ihren Naturbeobachtungen in Beziehung setzen. Mit verschiedenen Experimenten gehen die Kinder nicht nur der Frage nach, wie ein Baum isst und trinkt oder woran sie das Alter eines Baums ablesen können (S. 30–33), sie setzen ihre Forschungsergebnisse auch spielerisch zum eigenen Körper bzw. Lebensalter in Relation und erleben so die Naturdimensionen ganz direkt.

Einblicke in den Weg vom Samenkorn zum Baumriesen geben ein Wachstumsexperiment (S. 34) und ein Spiel (S. 35), bei dem sich die Kinder in die Rolle von Bäumen und Wind versetzen und so Naturzusammenhänge nachvollziehen. Und schließlich untersuchen die Kinder ihre Umgebung unter dem Gesichtspunkt, wo überall Holz zu finden ist (S. 36), und sammeln anschließend eigene Erfahrungen mit dem Werkstoff (S. 37). Dies stellt die Kinder vor handwerkliche Herausforderungen und regt nicht nur ihre Kreativität, sondern auch ihre motorischen Fähigkeiten an.

Waldbäume

Aktivgeschichte: Ein goldenes Blatt

„Jaaa!" rufen	„Können wir gehen?", fragt Frau Mai. **„Jaaa!"**, rufen sieben Kinder gleichzeitig und trampeln ungeduldig mit den Füßen.
	Bald ist das große Herbstfest im Kindergarten. Deshalb gehen die Vorschulkinder heute in den Wald. Die Kinder sind fertig angezogen. Sie haben Stoffbeutel dabei, um bunte Blätter und Herbstfrüchte zu sammeln. Daraus wollen sie witzige Tiere und bunte Bilder herstellen.
sich strecken und eine imaginäre Girlande aufhängen	Mit langen **Girlanden** werden die Gruppenräume zum Fest schön herbstlich aussehen.
sich über die Stirn wischen *sich seine imaginäre Jacke ausziehen*	Es ist ein **heißer Tag**. Nach kurzer Zeit **ziehen** einige Kinder **ihre Jacken aus** und binden sie sich um den Bauch. Grün, gelb, orange und rot leuchtet der Wald in der Sonne. Am Waldrand ruft Marie: „Da sind Kastanien!"
am Platz rennen	Wie auf Kommando **rennen** alle los. Lea hat ein besonders schönes Kastanienblatt gefunden.
beide Handflächen zusammenpressen	Das will sie **pressen**. Goldgelb ist es und sieben Blätter wachsen im Kreis aus einem langen Stiel. Es sieht beinahe wie eine Sonne aus.
imaginäre Kastanien vom Boden aufsammeln	Hassan **sammelt Kastanien vom Boden auf**. „Elf, zwölf", murmelt er und steckt sie in seinen Stoffbeutel.

„**Aua!**", schreit er kurz darauf. Die dreizehnte war noch in ihrer stacheligen Schale.

„Aua!" rufen

Dann **gehen** sie weiter in den Wald hinein.
„Oh, das sind aber schöne Blätter!", staunt Vicky. „So bunt."
„Stimmt, Farben wie Feuer", stellt Dennis fest und nimmt einige mit.
Wie eine **gespreizte Hand** sehen sie aus.

am Platz gehen

die Finger einer Hand spreizen

„Die sind vom Ahorn", weiß Marie. Ihr Papa ist Förster, deshalb kennt sie die Namen der Bäume.
„Toll!" Alex pflückt ein paar Samen vom Baum. „Hubschrauber."
Er hebt die Hand und lässt die Flügelchen fallen.
Sie **drehen sich in der Luft**

sich mit ausgebreiteten Armen um die eigene Achse drehen

und segeln wie Propellerflieger zu Boden.

Wenn man sich genau umsieht, findet man viele Schätze im Wald.
„Was ist das?" Lea bückt sich nach einer kleinen Nuss mit drei Seiten.
„Das ist eine Buchecker", erklärt Frau Mai. „Den Kern kann man essen."
Hassan holt die winzige Nuss mühsam aus der Schale.
„**Iiih, bitter**", stellt er fest
und **verzieht sein Gesicht**.

*„Iiih" rufen
das Gesicht verziehen*

Frau Mai lächelt und sagt: „Wir wollen sie ja nicht essen, sondern damit basteln. Und nehmt auch einige Buchenblätter mit."
Zwischen den Buchen stehen mächtige Eichen. Sie haben lange, wellige Blätter und ihre Früchte heißen Eicheln. Die sehen witzig aus, wie ein Kopf mit Hut.
Bald sind die Stoffbeutel prallvoll.

„Och, es ist so **heiß**", stöhnt Lea.
„Können wir nicht später noch **Eis essen** gehen?"

*sich über die Stirn wischen
ein imaginäres Eis schlecken*

„Tut mir leid", antwortet Frau Mai. „Dafür haben wir kein Geld dabei."
„Hm, schade", murrt Lea und **wischt** sich über die feuchte Stirn.

sich über die Stirn wischen

Als sie durch den dunklen Nadelwald gehen, entdeckt Jana einen hübschen Zweig mit spitzen, dunkelgrünen Nadeln.
Vicky schüttelt den Kopf. „Den kann man aber nicht **pressen**."

beide Handflächen zusammenpressen

„Vicky hat recht", erklärt Frau Mai. „Nur Blätter von Laubbäumen kann man **pressen**. Aber dieser Zweig ist von einem Nadelbaum."

beide Handflächen zusammenpressen

„Genau. Der ist von einer Tanne", antwortet Vicky.
Marie schüttelt den Kopf. „Nein, der ist von einer Fichte. Die Bäume hier mit den flachen Nadeln sind Tannen."

Waldbäume

aufs linke Handgelenk schauen	Frau Mai **schaut auf die Uhr** und sagt: „So, Kinder, wir müssen wieder zurück."
	Aber woher sind sie gekommen?
nach rechts schauen	Frau Mai schaut nach **rechts**. Da sind einige Büsche mit vertrockneten Himbeeren.
	Sind sie von da gekommen?
den Kopf schütteln und „nein" sagen	**Nein.**
nach links schauen	Sie schaut nach **links**. Dort stehen einige Birken mit weißer Rinde.
	Sind sie von dort gekommen?
den Kopf schütteln und „nein" sagen	**Nein.**
sich über die Stirn wischen	Oje! Sie wird sich doch nicht mit den Kindern verlaufen haben?!
	Frau Mai wird es ganz **heiß** vor Schreck.
sich umdrehen und nach hinten zeigen	Alex **zeigt nach hinten**. „Wir müssen da lang."
	Frau Mai dreht sich um. Sie sieht einen Nadelwald mit Fichten und Tannen. Alex hat recht, von dort sind sie gekommen.
	Puh, jetzt ist Frau Mai aber erleichtert!
	Bald sind sie wieder im Laubwald. Der Boden ist mit bunten Blättern bedeckt.
durch imaginäres Laub schlurfen, „sch, sch" sagen	Die Kinder **schlurfen** hindurch, damit es laut **raschelt**.
	Plötzlich regnet es Blätter über Hassans Kopf. „Hey!", ruft er und dreht sich um.
imaginäres Laub grapschen und in die Luft werfen	Dennis grinst ihn an und **grapscht** eine neue Handvoll Laub.
	„Oh ja, eine Laubschlacht!", freut sich Alex und wirft eine Ladung auf Dennis.
imaginäres Laub nach oben werfen	Ruckzuck sind alle dabei. **Blätter fliegen** durch die Luft
	und landen auf den Köpfen. Die Kinder toben und lachen.
	Plötzlich bleibt Lea wie angewurzelt stehen. „Halt, wartet!", ruft sie.
	„Was ist denn los?", wundert sich Dennis und vergisst, seine Blätter auf Vicky zu werfen.
auf den Boden zeigen	„Da glänzt was wie Gold", erklärt Lea und **zeigt** auf das Laub auf dem Boden.
	„Ich seh kein Gold", murrt Alex.
sich hinknien	„Doch, hab ich genau gesehen." Lea **kniet** sich hin
im imaginären Laub wühlen	und **wühlt** in den bunten Blättern.
	Sie wirft das Laub zur Seite, sucht und sucht.
„Aua!" rufen	**„Aua!"**, schreit sie. Etwas Spitzes hat sie in den Daumen gepikst.
	Sie zieht eine Nadel aus dem Laub. Ein Blatt ist daran, ein goldenes Blatt!

Lea steht auf und klopft die Reste des Waldbodens von ihren **Knien**.
Stolz hebt sie ihr Fundstück auf und **zeigt es allen**.

sich die Knie abklopfen
den Arm mit nach oben
geöffneter Handfläche nach
vorne strecken

„Na, so was, eine goldene Brosche", staunt Frau Mai. „Die sieht
wertvoll aus. Wir sollten sie zum Fundamt bringen."
Aufgeregt bestaunen die Kinder den gefundenen Schatz.

Nach einigen Minuten kommt ihnen eine Frau entgegen. Sie geht
sehr langsam und **schaut suchend auf den Boden**.

suchend auf den Boden
schauen

„Suchen Sie etwas?", fragt Frau Mai.
„Ja, ich habe leider ein Blatt verloren", antwortet die Frau.
„Hier gibt es doch ganz viele Blätter", sagt Alex grinsend.
„Ja, aber es ist ein echt goldenes Blatt, eine Brosche." Die Frau
sieht sehr **traurig** aus.

ein trauriges Gesicht machen

Frau Mai lächelt. „Ich glaube, da können wir Ihnen helfen. Unsere
Lea hat die Brosche gefunden."
„Da ist sie." Stolz **gibt** Lea der Besitzerin ihren Schmuck **zurück**.

den Arm mit nach oben
geöffneter Handfläche nach
vorne strecken
ein glückliches Gesicht
machen

„Oh, das ist ja wunderbar!", **freut** sich die Frau.

„Ich kann es gar nicht glauben!" Glücklich steckt sie die Brosche
an ihre Bluse. Dann zieht sie eine Geldbörse aus der Tasche.
„Dafür gibt es eine Belohnung", sagt sie und drückt Lea einen
Zehneuroschein in die Hand.
„Danke!", **freut** sich Lea.

ein glückliches Gesicht
machen

Alex bekommt große Augen. „Toll, Finderlohn!"
„Genau", antwortet Lea grinsend. „Und du wolltest mir das mit
dem Gold nicht glauben."
Darauf fällt Alex nichts mehr ein.

Immer noch ist es sehr **heiß**.
Immer noch hat Lea riesige Lust auf ein Eis. Sie schaut auf die
zehn Euro, dann sagt sie mit zufriedenem Lächeln: „Frau Mai,
damit holen wir uns jetzt ein **Eis**."

sich über die Stirn wischen

ein imaginäres Eis schlecken,
sich den Bauch reiben und
„Mhm!" sagen

Das finden alle toll.

Waldbäume

Infoseite: Die Hauptbaumarten des Waldes

✂

Ahorn
Laubbaum

- 20 – 30 m hoch
- schwärzliche, feinrissige Rinde
- das Blatt ist gefingert und außen gezähnt
- aus dem Holz werden Musikinstrumente und Möbel hergestellt
- die Flügelfrüchte des Ahorns kann man als „Nasenzwicker" auf die Nase setzen
- Ahornsirup (in Nordamerika zu Pfannkuchen üblich)

Birke
Laubbaum

- 25 – 30 m hoch
- weiße bis grauweiße Rinde mit abblätternden Schichten
- das Blatt ist rautenfömig, unten glatt, oben gezähnt
- die Früchte der Birke nennt man „Zäpfchen", sie bestehen aus vielen kleinen Nusssamen
- Birken entziehen dem Boden viel Wasser
- das Holz wird als Furnier oder für Sperrholzplatten verwendet, auch als Feuerholz oder zum Herstellen von Fackeln
- Birkensaft wird als Haarwasser verwendet

Buche
wichtigster heimischer Laubbaum

- bis 45 m hoch
- glatte Rinde
- das Blatt ist eiförmig, glatt und leicht gewellt
- die Früchte der Buche heißen Bucheckern
- Holz wird für Möbel und als hochwertiges Brennholz verwendet
- die Bucheckern sind Nahrung für viele Tierarten

Eiche
Laubbaum

- bis 40 m hoch
- schwarzgraue, rissige Rinde
- kann über 1000 Jahre alt werden
- das Blatt ist eiförmig, außen tief eingebuchtet
- die Früchte heißen Eicheln
- aus dem besonders harten Holz werden Möbel und Schiffe hergestellt
- Eicheln sind Nahrung für Wildschweine und andere Tiere
- aus getrockneten und gerösteten Eicheln kann man Kaffee herstellen

Kastanie
Laubbaum

- bis 30 m hoch
- knorriger Baum mit dicken Ästen
- graubraune Rinde mit tiefen Rissen
- das Blatt ist handförmig gefiedert und am Rand gesägt
- stachelige Früchte mit Kastanien als Samen
- Kastanien sind Nahrung für Wildtiere

Linde
Laubbaum

- bis 40 m hoch (je nach Art)
- die Rinde ist rau und rissig
- das Blatt ist herzförmig und außen gesägt
- aus frischen oder getrockneten Blüten kann man Lindenblütentee herstellen
- die Früchte der Linde sind gestielte, kugelige Nüsschen mit darin liegenden Samen
- das weiche Holz eignet sich zum Schnitzen

Fichte
Nadelbaum

- pyramidenförmiger, schlanker Baum, bis 50 m hoch
- rötlichbraune Rinde
- kurze, spitze, vierkantige Nadeln, stehen um Zweig herum
- zylindrisch geformte Zapfen hängen am Zweig nach unten und fallen im Ganzen ab
- Holz wird für Papier, Spanplatten und Möbel sowie als Bauholz oder Brennholz verwendet
- aus jungen Fichtentrieben wird Fichtenhonig hergestellt (gegen Husten, Grippe und Erkältung)
- Badezusatz aus Fichtennadelextrakt

Tanne
Nadelbaum

- kegelförmiger, gerader Baum, bis 50 m hoch
- weißgraue Rinde
- kurze, flache, stumpfe Nadeln, stehen „gescheitelt" am Zweig
- Zapfen stehen aufrecht auf dem Zweig, die Schuppen fallen einzeln ab, die Spindel bleibt zurück
- Holz wird als Bauholz verwendet
- aus Tannenzapfen oder -nadeln kann man Öl zum Inhalieren und Einreiben herstellen
- typischer Weihnachtsbaum

Gestaltungsvorlage: Früchte und Blätter der wichtigsten Waldbäume (1)

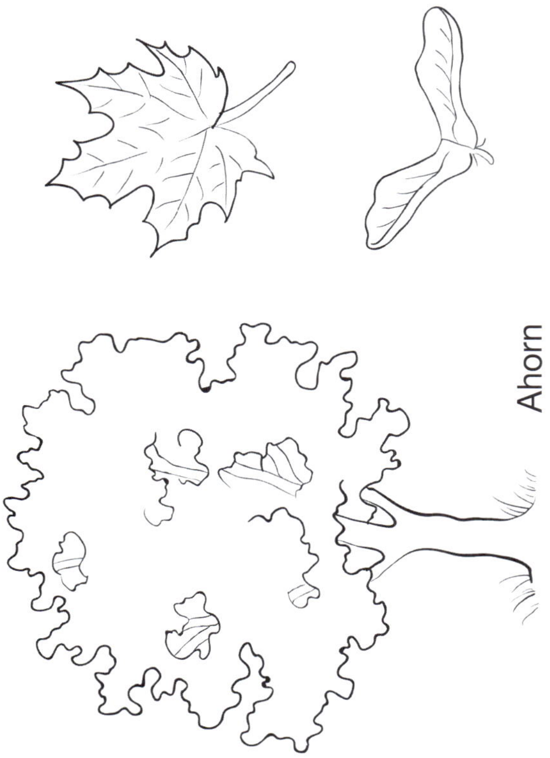

Ahorn

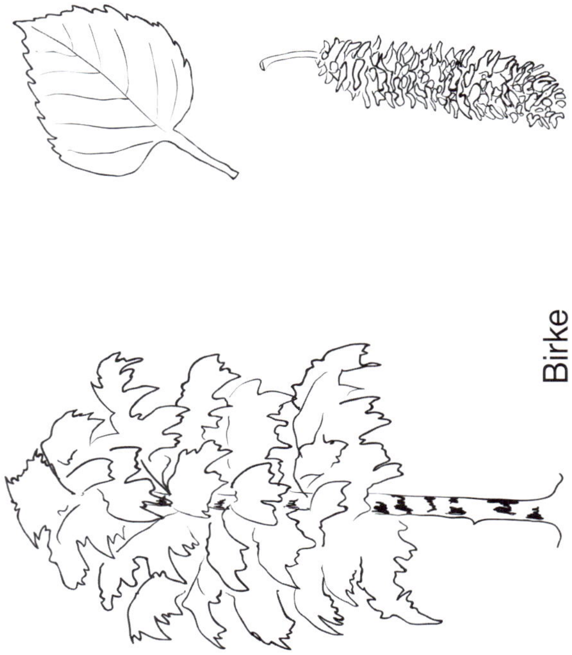

Birke

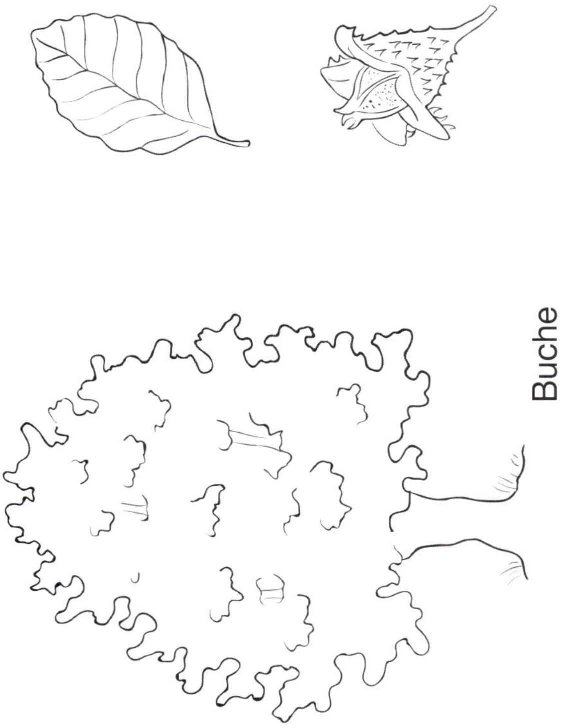

Buche

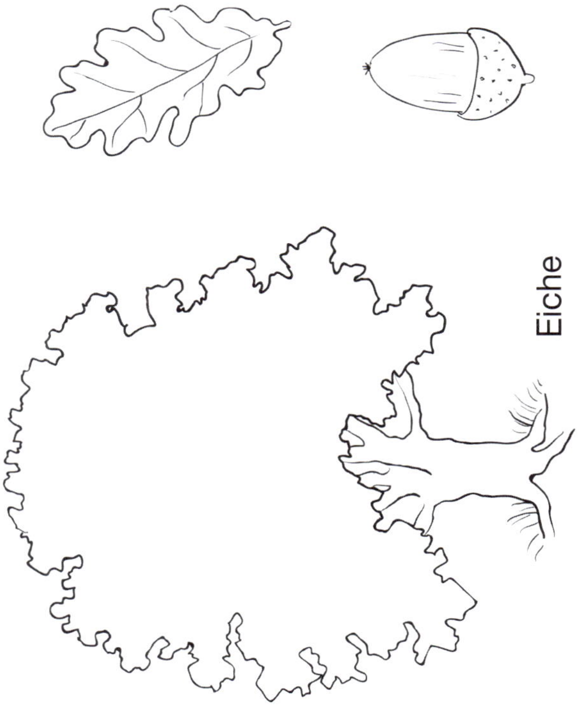

Eiche

Waldbäume

Gestaltungsvorlage: Früchte und Blätter der wichtigsten Waldbäume (2)

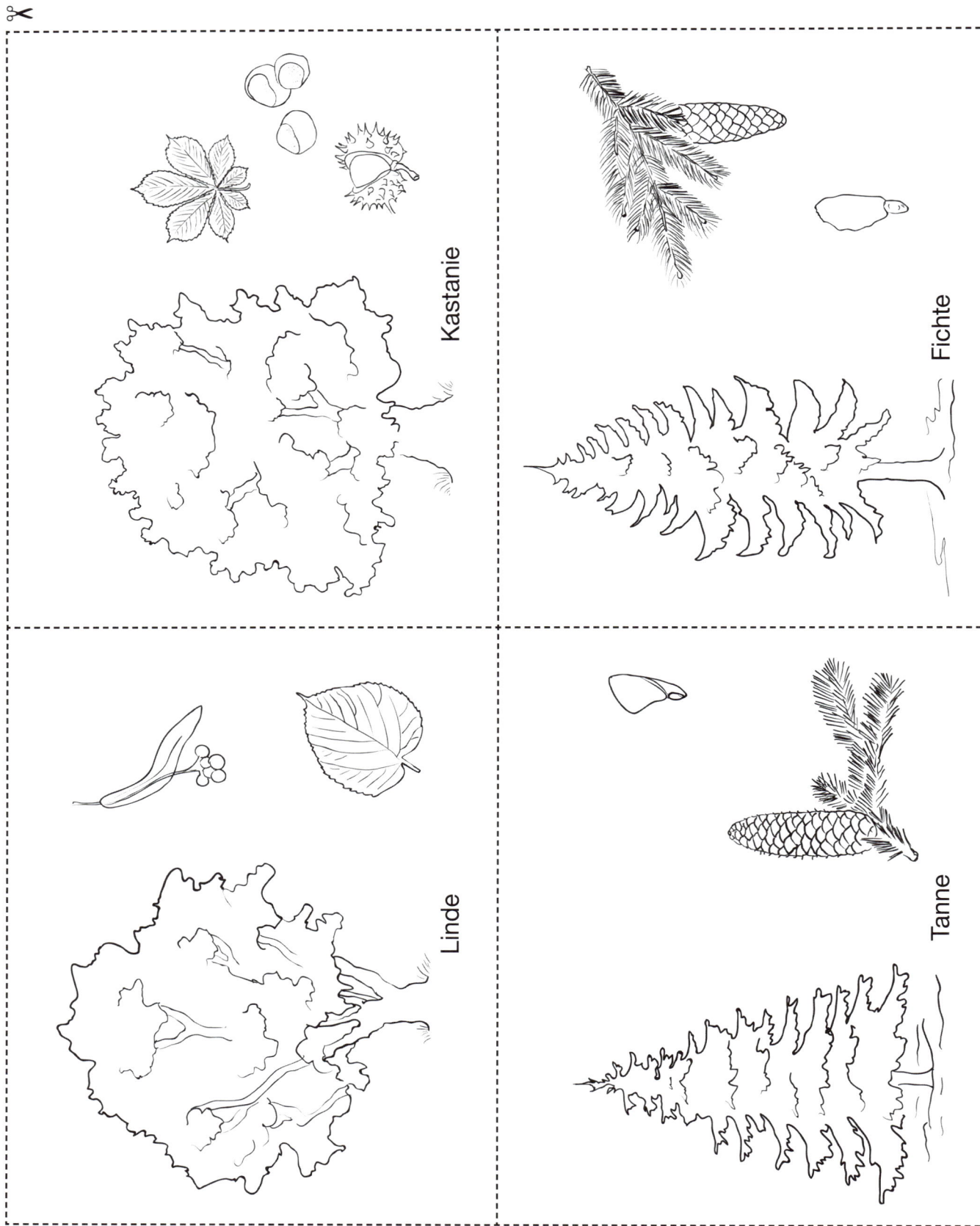

Exkursionen in den Wald

Um Kindern die Vielfalt und die Schönheit des Waldes nahezubringen und sie für die Natur zu sensibilisieren, sind Waldtage immer empfehlenswert. Diese können unter verschiedenen Aspekten immer wieder neue Anreize zum Erkunden bieten. Der Wald selbst ist für Kinder wie ein riesiger Abenteuerspielplatz, der nicht durch Absperrungen oder Zäune begrenzt ist. Er bietet den Kindern unendliche Erfahrungsmöglichkeiten auf allen Ebenen, die sie dann im Kindergarten aufgreifen und vertiefen können.

So geht's:

- Aspekt „Wald und Wechsel der Jahreszeiten": Unternehmen Sie zu den verschiedenen Jahreszeiten auf verschiedenen Routen Spaziergänge durch den Wald und lassen Sie die Kinder die Natur in unterschiedlichen Stadien erleben. Regen Sie die Kinder zu Beobachtungen an und greifen sie diese in einem späteren Gespräch wieder auf.

- Aspekt „Wald und Witterungseinflüsse": Gehen Sie bei unterschiedlichen Wetterlagen in den Wald und geben Sie den Kindern die Gelegenheit, die Schutzfunktion des Waldes nachzuvollziehen: Die Kinder erleben im Sommer, wie das Blätterdach bei strahlendem Sonnenschein und Hitze einen angenehm kühlen Schattenplatz bietet. Genießen Sie mit den Kindern dabei auch das bizarre Spiel von Licht und Schatten, wenn die Sonnenstrahlen durch das Blätterdach scheinen. Bei Regen bemerken die Kinder, dass sie unter einem dichten Blätterdach weniger schnell nass werden. Bei Wind können sie feststellen, dass die Bäume einen Teil des Windes abfangen und z. B. den Boden davor schützen, dass die Erde verweht wird.

- Aspekt „Laub- und Nadelwald": Unternehmen Sie eine Exkursion in einen Laub- und in einen Tannenwald. Wie erleben die Kinder den Unterschied? Was fällt ihnen auf? Welches Waldstück mögen sie lieber? Die Kinder werden feststellen, dass ein Tannenwald dichter bewachsen ist und dadurch dunkler wirkt.

Tipp:

Vereinbaren Sie mit dem zuständigen Forstamt einen Termin und bitten Sie den Förster, die Kindergruppe durch den Wald zu führen. Er kennt dort die Natur am besten und kann die Kinder auf Dinge aufmerksam machen und Zusammenhänge erklären, die Sie und die Kinder ohne ihn nicht erfahren würden.

Art der Aktivität:
Exkursion

Bildungsbereiche:
Forschen und entdecken, Körper, Bewegung und Gesundheit

Kompetenzbereiche:
Wahrnehmungs-, Koordinations- und Konzentrationsfähigkeit und Motorik weiterentwickeln

Kinder:
8–16

Schwierigkeitsgrad:
★ ☆ ☆ ☆ ☆

Aktivität:
je 1–2 Std.

Material:
–

Waldbäume

Art der Aktivität:
Exkursion / Spiel

Bildungsbereiche:
Forschen und entdecken,
Körper, Bewegung und
Gesundheit

Kompetenzbereiche:
Wahrnehmungs- und Konzentrationsfähigkeit, Motorik und
Koordinationsfähigkeit weiterentwickeln

Kinder:
8 – 16

Schwierigkeitsgrad:
★ ★ ☆ ☆ ☆ ☆

Aktivität:
5 – 10 Min.

Material:
Naturmaterialien (z. B. Fichtenzapfen, Blätter, Tannennadeln,
Federn, Moos)

Waldexkursion mit Suchspiel

Bei einer Exkursion in den Wald können Sie die Kinder für Details der Natur sensibilisieren. Die Kinder erkunden spielerisch den Wald und seine Naturschätze. Dabei ist die Unterscheidungsfähigkeit und Aufmerksamkeit der Kinder gefordert, da sie sich mit den verschiedenen Eigenschaften der Naturmaterialien auseinandersetzen müssen.

Vorbereitung:

Bereiten Sie einen Platz im Wald vor, an dem die Kinder später verschiedene Dinge aufspüren sollen, und stellen Sie unterschiedliche Suchaufträge zusammen, die an die jeweilige Umgebung angepasst sind. Für die Kinder stellen die Suchaufgaben eine wichtige Lernerfahrung dar, da eine Eigenschaft auf verschiedene Naturschätze zutreffen kann. So kann etwas Weiches sowohl Moos, eine Feder oder ein junges, zartes Blatt sein.

So geht's:

- Sobald Sie einen Suchauftrag nennen, laufen die Kinder los und suchen das entsprechende Naturmaterial. Haben sie es gefunden, kommen sie zu Ihnen zurück und überreichen es. Beispiele für Suchaufträge sind:

  – Besorge drei Blätter von verschiedenen Laubbäumen.

  – Such etwas, das gut riecht. / Such etwas Weiches.

  – Finde einen Fichtenzapfen, der angeknabbert ist.

  – Hol ein Stück Rinde / einen Fichtenzapfen / einen Stein.

- Wenn die Gruppe wieder vollständig ist, bilden alle einen Kreis. Die Kinder untersuchen die gefundenen Materialien und tauschen sich darüber aus.

Varianten:

- Die Kinder bilden Paare oder Kleingruppen und gehen gemeinsam auf Erkundungstour.

- Das etwas andere Suchspiel: Deponieren Sie im Vorfeld beispielsweise fünf Dinge in einem begrenzten Waldstück, die dort nicht hingehören. Zu Beginn der Suche erfahren die Kinder, wie viele Veränderungen sie suchen müssen. Bei jüngeren Kindern können Sie auch sagen, welche Art der Veränderung es aufzuspüren gilt, z. B. eine Banane an einem Busch, einen Tannenzapfen an einem Laubbaum, ein Spinnennetz aus Wolle zwischen zwei Büschen, ein Kuscheltier, das auf dem Bodern oder auf einem Baum sitzt, eine Socke oder einen Handschuh an einem Ast.

Lebewesen Baum (1)

Das Lebewesen „Baum" können Kinder auf sehr unterschiedliche Art und Weise erkunden. Eine Möglichkeit ist es, sich Bäumen über die sinnliche Wahrnehmung zu nähern, um so Details bewusst wahrzunehmen. Diese Sinneseindrücke können die Kinder mit ihren Erkenntnissen bei späteren Erkundungen verknüpfen. So erweitert sich allmählich ihr Sachwissen und festigt sich.

Mein Freund, der Baum

- Als Einstiegsaktivität bietet es sich an, einen Baum gemeinsam intensiver zu betrachten. Dazu wählen die Kinder zunächst den Baum aus, den sie am interessantesten finden.

- Die Kinder betrachten den Baum eingehend. Regen Sie sie dazu an, ihren Blick von den Wurzeln über den Stamm nach oben bis zur Baumkrone wandern zu lassen.

- Wer mag, teilt seine Beobachtungen mit den anderen. Die Kinder erzählen z. B. etwas über das Aussehen des Stamms, über dessen Höhe, über die Zahl der Hauptäste. Wie viele Kinder sind nötig, um den Baumstamm zu umfassen? Durch den Austausch erfahren alle etwas über die verschiedenen Merkmale und Eigenschaften des Baums.

Kalte und warme Bäume

- Regen Sie die Kinder dazu an, die Bäume im Hinblick auf ihre Temperatur zu erfühlen. Finden sie Bäume, die sich kalt bzw. warm anfühlen? Falls dies zu schwierig ist, unterstützen Sie die Kinder bei der Auswahl.

- Die Kinder werden feststellen, dass sich die Bäume mit glatter, dünner Rinde (oder Borke, wie die Abschlussschicht der Baumrinde bei bestimmten Bäumen genannt wird) kälter anfühlen als die mit geriffelter, dicker Rinde.

Tipp:

Bieten Sie die Aktivität bei Sonnenschein an. Fordern Sie die Kinder auf, warme Bäume zu finden. Erkennen die Kinder den Zusammenhang von Sonne und Schatten und die Auswirkungen auf den Wärmegehalt in der Rinde?

Art der Aktivität:
Wahrnehmungsspiele

Bildungsbereiche:
Forschen und entdecken, Körper, Bewegung und Gesundheit

Kompetenzbereiche:
Wahrnehmung weiterentwickeln, Sachwissen vertiefen, Naturzusammenhänge erkennen

Kinder:
5–10

Schwierigkeitsgrad:
★ ★ ☆ ☆ ☆

Aktivität:
je 15–20 Min.

Material:
–

Waldbäume

**Material zu
„Bäume fühlen und riechen":**
–

**Material zu
„Baumerkundungspaare":**
Augenbinden

Lebewesen Baum (2)

Bäume fühlen und riechen

- Baumarten unterscheiden sich in ihrem Aussehen. Dies ist leicht mit den Augen zu erkennen. Fordern Sie die Kinder auf, sich den Bäumen einmal mit ihren anderen Sinnen zu nähern. Können sie die Bäume am Geruch unterscheiden oder daran, wie sich die Rinde oder der Bewuchs am Stamm anfühlen?

- Führen Sie die Kinder jeweils zu einem niedrigen Nadel- und zu einem Laubbaum. Mit ihren Händen befühlen sie den Stamm, ggf. die Äste und Zweige. Wie fühlt sich der Baum an? Wie riecht er? Welche Unterschiede stellen die Kinder fest? Welche Baumart fühlt sich interessanter an? Welche mögen die Kinder lieber?

- Regen Sie die Kinder durch Nachfragen an, ihre sinnlichen Erkundungen in Worten auszudrücken. Dies führt zu einem intensiveren und bewussteren Wahrnehmen.

Baumerkundungspaare

- Bei erfahreneren Kindern bietet sich eine „blinde" Baumwahrnehmung an. Dazu bilden sich Paare. Ein Kind bekommt die Augen verbunden und wird von seinem Partner zu einem Baum geführt. Dies kann auch auf Umwegen geschehen.

- Am Baum angelangt, erkundet das Kind durch Ertasten die typischen Merkmale und versucht, sich diese einzuprägen. Hilfestellungen ermöglichen den Kindern, ihre Erforschungen präzise durchzuführen, z. B.:

  – Wie fühlt sich die Rinde an?

  – Kannst du die Äste anfassen? Wie fühlen sie sich an?

  – Wie fühlen sich die Blätter/Nadeln an?

  – Wie riecht der Baum?

- Über Umwege führt der Partner das Kind zurück zum Ausgangspunkt und nimmt die Binde ab. Findet das Kind den Baum wieder?

- Anschließend findet ein Rollentausch statt. Der vorher Führende erhält die Augenbinde und wird zu einem anderen Baum gebracht.

- Auch dieses Kind regen Sie durch gezieltes Fragen zum bewussteren Erkunden an.

- Anschließend versucht es, seinen Baum mit offenen Augen wiederzufinden.

- In der abschließenden Gesprächsrunde tauschen sich die Kinder über ihre erfühlten Eindrücke aus.

Tipp:

Schlagen Sie den Kindern vor, als Paar jeweils einen Laub- und einen Nadelbaum zu erkunden und sich in der Schlussrunde über die festgestellten Unterschiede auszutauschen.

Baumbestimmung (1)

Welcher Baum ist das? – Nicht nur Kinder, sondern auch viele Erwachsene haben Schwierigkeiten, Bäume sicher zu erkennen und zu bestimmen. Merkmale wie Blätter, Blüten und Früchte geben hier Aufschluss. Durch das Sammeln dieser typischen Kennzeichen lernen die Kinder, einige Baumarten zu unterscheiden, und bekommen einen Bezug zur Natur.

Auf Sammeltour

- Bei einer Exkursion zeigen Ihnen die Kinder, welche Bäume sie kennen. Bitten Sie die Kinder zu beschreiben, woran sie die unterschiedlichen Baumarten erkennen. Welche Bäume sind den Kindern unbekannt?

- Die Kinder sammeln Hinweise zur Bestimmung einer Baumart und suchen entsprechend der Jahreszeit Blätter, Blüten und Früchte.

- Von jedem Baum wird außerdem ein Foto, möglichst mit Stamm und Baumkrone, gemacht und später im Kindergarten ausgedruckt.

- Die Kinder bewahren die Sammelstücke jeder Baumart in Schuhkartons auf. Mit Ihrer Unterstützung schreiben sie den jeweiligen Namen des Baums dazu und kleben das Bild des Baums außen auf den Karton.

Variante:

Die Kinder kleben die Fundstücke und die Bilder der Bäume mit farblos trocknendem Bastelkleber auf Fotokarton. Helfen Sie bei der Beschriftung und legen Sie einen Ordner als Baumbestimmungsbuch an. Dieses kann mit den Rinden-Rubbelbildern von Seite 24 ergänzt werden.

Blätterraten

- Die Kinder sammeln Blätter von möglichst vielen verschiedenen Laubbäumen und verwahren sie in einer Stofftasche.

- Zurück im Kindergarten betrachten die Kinder alle Blätter genau:

  – Welche Form haben sie?

  – Unterscheiden sich die Grüntöne?

  – Sind die Blattadern sichtbar? Wenn ja, wie verlaufen sie?

  – Welche Blätter haben einen gezackten Rand?

- Beim Spiel können die Kinder nun zeigen, ob und wie schnell sie verschiedene Bäume an ihren Blättern erkennen. Dazu stellen sich alle Kinder im Kreis auf, sodass sie die Stofftasche gut sehen können.

- Ziehen Sie nun ganz langsam ein Blatt aus der Tasche. Zuerst sollte nur die Spitze des Blattes zu sehen sein, dann nach und nach das ganze Blatt bis zum Stiel.

- Wenn ein Kind meint, das Blatt zu erkennen, ruft es laut den Namen des entsprechenden Baums. Ist die Antwort richtig, darf es das Blatt behalten. Ist sie falsch, kommt das Blatt wieder in die Tasche. Wenn der Beutel leer ist, ist das Spiel zu Ende.

Art der Aktivität:
Naturerkundung / Spiel

Bildungsbereich:
Forschen und entdecken

Kompetenzbereiche:
Wahrnehmung weiterentwickeln, Sachwissen vertiefen, Wortschatz erweitern, Naturzusammenhänge erkennen

Kinder:
5 – 10

Schwierigkeitsgrad:
★ ★ ★ ☆ ☆

Aktivität:
je 10 – 20 Min.

Material zu „Auf Sammeltour":
Blätter, Blüten, Früchte von Bäumen, Fotoapparat, Druckerpapier, Klebstoff, 1 Schuhkarton pro Baumart, Farbstifte

Material zu „Blätterraten":
Blätter von verschiedenen Bäumen, Stofftasche

Waldbäume

Art der Aktivität:
Gestalten

Bildungsbereiche:
Forschen und entdecken,
Kreativität und Musik

Kompetenzbereiche:
Wahrnehmung weiterent-
wickeln, Sachwissen vertiefen,
Wortschatz erweitern, Naturzusammenhänge erkennen

Kinder:
5–10

Schwierigkeitsgrad:
★ ★ ☆ ☆ ☆

Aktivität:
je 5–30 Min.

Material:
Papier, lange Schnur, Wachs-
malstifte oder Zeichenkohle,
Fotoapparat

Baumbestimmung (2)

Die Rinde ist das Abschlussgewebe eines Baums. Sie schützt ihn vor Regen, Wind, Sonne und Schädlingen und ist sehr vielgestaltig. Bäume lassen sich auch anhand ihrer Rinde voneinander unterscheiden.

Rinden-Rubbelbilder

- Suchen Sie mit den Kindern Bäume mit einer markanten Rinde. Dies muss nicht unbedingt bei einer Waldexkursion geschehen, denn es eignen sich auch alle Bäume in unmittelbarer Nähe des Kindergartens. Befestigen Sie ein Stück Papier mit Schnur so an einem vom Kind bestimmten Stammabschnitt, dass das Papier möglichst nicht verrutschen kann. Gegebenenfalls können Sie auch Malerkreppband zur Befestigung verwenden. Es sollte jedoch leicht wieder ablösbar sein und es darf keine Rinde daran hängen bleiben.

- Das Kind rubbelt mit einem Wachsmalstift oder mit Zeichenkohle vorsichtig über das Papier, bis die Struktur der Rinde sichtbar wird.

- Mit der gleichen Vorgehensweise erstellen die Kinder auch von anderen Bäumen Rinden-Rubbelbilder.

- Beim anschließenden Vergleich werden die Unterschiede der Oberflächenbeschaffenheit deutlich. Welche Strukturen wurden sichtbar? Welcher Baum hat eine glatte, welcher eine raue Rinde? Abschließend tauschen sich die Kinder über ihre Eindrücke aus.

Tipps:

- Beschriften Sie die Bilder gleich an Ort und Stelle und fotografieren Sie zusätzlich den jeweiligen Baum möglichst mit Stamm und Baumkrone.

- Es ist empfehlenswert, auch ein Baumbestimmungsbuch dabeizuhaben, um die Baumarten nachschlagen zu können.

Baumbestimmung (3)

Rindenabdrücke

- Abdrücke aus plastischem Material geben den Kindern einen dreidimensionalen Eindruck der Rindenstruktur. Dazu erhält jedes Kind ein größeres Stück Knete oder Ton, das es auf einer Plastiktüte als Unterlage mit einer Flasche oder einem Nudelholz flach, aber nicht zu dünn ausrollt.

- Anschließend sucht es sich einen Baum und presst die Knetmasse gegen den Stamm.

- Dann zieht das Kind die Knetmasse vorsichtig wieder ab und kann nun den Abdruck der Rindenstruktur betrachten.

Baumrindenbuch

- Mit einem selbst angelegten Baumrindenbuch können die Kinder die verschiedenen Bäume miteinander vergleichen und sie voneinander unterscheiden.

- Drucken Sie dafür zunächst die Baumfotos aus, die Sie beim Erstellen der Rinden-Rubbelbilder (S. 24) gemacht haben.

- Dann sortieren die Kinder ihre selbst gemachten Bilder. Wie viele Rinden-Rubbelbilder haben sie von derselben Baumart?

- Anschließend ordnen die Kinder ihren Rinden-Rubbelbildern das passende Baumfoto zu.

- Laminieren Sie die Bilder der Kinder sowie die Fotos und heften Sie alles gemeinsam mit den Kindern in einem Ordner ab.

- Machen Sie das Baumrindenbuch auch im Freispiel zugänglich. Bestimmt regt es die Kinder zum wiederholten Betrachten, Vergleichen und zum Austausch an.

Tipps:

- Bei Exkursionen in den Wald oder Park nehmen Sie das Baumrindenbuch als Spielanregung mit. Zeigen Sie den Kindern beispielsweise einen Rindenabdruck, den sie suchen sollen. Dies intensiviert die Naturerfahrung und die Wahrnehmung gleichermaßen.

- Versuchen Sie mit den Kindern bei einer Exkursion im Winter, kahle Bäume zu bestimmen. Da sich die Kinder hierbei nicht an Blättern oder Früchten orientieren können, leistet das Baumrindenbuch die nötige Unterstützung.

Variante:

Machen Sie aus dem Baumrindenbuch ein ganzes Baumbestimmungsbuch und ergänzen Sie im Laufe des Projekts gemeinsam mit den Kindern alle gefundenen Merkmale einer Baumart (S. 23).

Material zu „Rindenabdrücke":
mehrere Stücke Knete bzw. Ton, leere Flaschen oder Nudelhölzer, Plastiktüten

Material zu „Baumrindenbuch":
Ordner, Rinden-Rubbelbilder, Laminierfolie und Laminiergerät, ausgedruckte Fotos von Bäumen, Stifte

Waldbäume

Art der Aktivität:
Naturerkundung

Bildungsbereich:
Forschen und entdecken

Kompetenzbereiche:
Wahrnehmung weiterent-
wickeln, Sachwissen vertiefen,
Wortschatz erweitern, Naturzusammenhänge erkennen

Kinder:
5–10

Schwierigkeitsgrad:
★ ★ ☆ ☆ ☆

Aktivität:
10–15 Min.

Material:
Papier, Stift

Tanne oder Fichte?

Im Wald liegen immer viele Tannenzapfen auf dem Boden – das denken wir zumindest. Denn die braunen Zapfen, die wir im Herbst sammeln, werden so genannt, obwohl es wohl kaum jemandem gelingen wird, wirklich einen Tannenzapfen auf dem Boden zu finden: Es sind die Zapfen der Fichten, die so zahlreich auf dem Waldboden liegen. Aber worin unterscheiden sich eigentlich diese beiden Nadelhölzer? Wie können wir herausfinden, ob an Weihnachten eine Tanne oder eine Fichte im Wohnzimmer steht? Erkunden Sie mit den Kindern die Unterschiede zwischen diesen beiden Baumarten. Beim nächsten Spaziergang mit ihren Eltern können die Kinder ihr neu erworbenes Wissen weitergeben, denn auch die wenigsten Erwachsenen kennen den Unterschied.

So geht's:

- Unternehmen Sie mit den Kindern eine Exkursion in einen Wald, in dem sowohl (niedrige) Tannen als auch Fichten wachsen.

- Bitten Sie die Kinder, sich die Bäume genau anzusehen:
  - Wie sieht die Rinde aus?
  - Gibt es Zapfen?
  - Hängen die Zapfen oder stehen sie aufrecht auf den Zweigen?
  - Liegen Zapfen am Waldboden?
  - Wie sind die Nadeln am Zweig angeordnet?
  - Piksen die Nadeln oder sind sie weich?

- Die Kinder erzählen, welche Unterschiede sie festgestellt haben, und Sie notieren die Beobachtungen.

- Anschließend ordnen Sie gemeinsam die Merkmale dem passenden Baum zu (siehe auch S. 16): Fichten haben hängende Zapfen, die sie auch abwerfen. Tannen hingegen haben auf ihren Zweigen aufrecht stehende Zapfen, die sie nicht im Ganzen abwerfen, sondern lediglich deren Schuppen. Finden die Kinder längliche Zapfen auf dem Waldboden, wissen sie nun, dass diese zu den Fichten gehören.

Tipps:

- Zurück im Kindergarten können die Kinder die entsprechenden Bilder der Gestaltungsvorlage von Seite 18 ausmalen.

- Wenn Sie die Gestaltungsvorlagen von Seite 17/18 zweimal kopieren, kann daraus ein kleines selbst gestaltetes Memory-Spiel werden. Wenn sich die Kinder bereits mit den Bodenlebewesen auseinandergesetzt haben (S. 40–61), wird das Spiel noch durch die Gestaltungsvorlage von Seite 51 ergänzt.

Baumgesichter aus Ton

Bäume unterscheiden sich nicht nur durch ihre charakteristischen Merkmale, durch die sie sich einer bestimmten Baumart zuordnen lassen. Sie haben auch ein individuelles Aussehen: Vielleicht ist bei einem Sturm ein Ast abgebrochen oder die Rinde wurde verletzt und hat eine Narbe gebildet. Vielleicht neigt sich der Baum stärker auf eine Seite, weil der Wind immer aus derselben Richtung weht, oder der Baum trägt an einer Stammseite ein Mooskleid. Es gibt viel zu entdecken und die Kinder können das Gesehene mithilfe von Ton und Naturmaterialien gestalterisch verstärken, um so das Gesicht eines Baums hervorzuheben.

So geht's:

- Führen Sie als Einstieg mit den Kindern ein Gespräch darüber, dass wir alle verschieden aussehen. Woran machen die Kinder die Unterschiede fest? Regen Sie die Kinder daraufhin an, bei der anschließenden Exkursion auch bei Bäumen auf individuelle Unterschiede zu achten.

- In einem Waldstück oder einem Bereich mit vielen Bäumen sucht sich jedes Kind seinen Lieblingsbaum aus.

- Anschließend sammeln die Kinder Naturmaterialien, die sie mit Ton oder Lehm an die Rinde heften.

- Dazu beziehen die Kinder Astlöcher und Unebenheiten mit ein. Auf diese Weise entsteht ein Fantasiegesicht am Baum.

- Fotografieren Sie die Kunstwerke. Vielleicht mag sich jeder Künstler dabei zu „seinem" Baum stellen?

Tipp:

Die ausgedruckten Fotos können als Erinnerung mitgegeben werden oder sie werden Teil der Projekt- oder der „Ich-Mappe" und mit den dokumentierten Aussagen des Kindes ergänzt.

Varianten:

- Mehrere Kinder arbeiten zu zweit oder in Kleingruppen an einem Baum. So entstehen interessante Gruppengesichter.

- Suchen Sie mit den Kindern bei einem Spaziergang Bäume, die so aussehen, als hätten sie bereits Gesichter. Fotografieren Sie diese und drucken Sie sie im Kindergarten mehrfach aus. Die Kinder fertigen mit den Ausdrucken beispielsweise eine Collage mit dem Thema „Baumwesen" an, die dann im Gruppenraum aufgehängt wird.

Art der Aktivität:
Gestalten

Bildungsbereich:
Kreativität und Musik

Kompetenzbereiche:
Fantasie und Kreativität entfalten, Feinmotorik weiterentwickeln, künstlerische Technik kennenlernen

Kinder:
8–12

Schwierigkeitsgrad:
★ ☆ ☆ ☆ ☆ ☆

Aktivität:
5–15 Min.

Material:
Ton oder Salzteig, Naturmaterialien, Fotoapparat

Waldbäume

Art der Aktivität:
Mitmachgeschichte

Bildungsbereiche:
Forschen und entdecken,
Körper, Bewegung und
Gesundheit

Kompetenzbereiche:
Wahrnehmungs-, Konzentra-
tionsfähigkeit und Empathie
weiterentwickeln, Naturzusammenhänge erkennen, körperliche Nähe erleben

Kinder:
8 – 12

Schwierigkeitsgrad:
★ ★ ☆ ☆ ☆ ☆

Aktivität:
30 Min.

Material:
–

Der Baum erlebt die Jahreszeiten (1)

Die Mitmachgeschichte gibt den Kindern Impulse, sich in einen Baum ein-
zufühlen und sich die jahreszeitlichen Geschehnisse aus Sicht des Baums
vorzustellen. Der Perspektivenwechsel sensibilisiert die Kinder und erweitert
ihr Naturverständnis. Sie können die Geschichte beliebig verkürzen oder
auch erweitern und an die Bedürfnisse der Kinder anpassen.

So geht's:

- Die Kinder bilden Paare. Ein Kind stellt sich vor, ein Baum zu sein. Er
  muss ruhig stehen bleiben und die äußeren Einflüsse erdulden.

- Das andere Kind führt passend zu der folgenden Geschichte die jeweiligen Bewegungen an dem Kind, das den Baum spielt, durch. Beachten
  Sie dabei, dass nicht alle Kinder von anderen angefasst werden wollen.

- Anschließend werden die Rollen getauscht.

Es ist Frühling:

Der Baum steht noch ohne Blätter an seinem Platz im Wald. Endlich spürt er wieder die warmen Sonnen-strahlen auf seinen Ästen, seinem Stamm und seinen Wurzeln.	*mit den Handflächen den Körper ganz langsam großflächig von oben nach unten abstreichen*
Wasser strömt von seinen Wurzeln durch den Stamm bis zu den Spitzen seiner Zweige.	*mit den Handflächen von den Füßen über die Beine, den Körper und die Arme bis zu den Finger-spitzen streichen*
Auch an seinen Zweigen merkt der Baum eine Veränderung: Knospen beginnen zu wachsen.	*mit dem Finger kleine Kreise auf den Armen und den Händen ziehen*
Ein Vogelpärchen landet zwit-schernd auf einem Ast, fliegt wieder fort und kommt mit kleinen Zweigen im Schnabel zurück.	*mit den Zeige- und Mittelfingern beider Hände nebeneinander auf einem Arm „landen", „wegfliegen" und wieder „landen"*
Die Vögel wollen ein Nest bauen. An einer Stelle haben sie einen schönen Platz gefunden. So viel und noch viel mehr erlebt ein Baum im Frühling.	*in der Halsmulde leicht in Kreis-bewegungen streicheln und sanft kitzeln*

Es ist Sommer:

Der Baum trägt nun viele Blätter. Ameisen krabbeln an ihm nach oben und wieder nach unten.	*mit den Fingerspitzen schnell und leicht von den Füßen bis zu den Armen und zurück tippen*
Kinder kommen in den Wald. Ein Kind lehnt sich an ihn, um sich seinen Schuh zuzubinden.	*sich mit dem Rücken an die Beine des stehenden Kindes lehnen*

Der Baum erlebt die Jahreszeiten (2)

Als es weggeht, kommt ein anderes Kind. Es schlägt mit einem Stock immer wieder an den Stamm des Baums. Der Baum ist froh, als das Kind damit aufhört.

Zeige- und Mittelfinger ausstrecken und damit leicht auf die Beine und den Körper schlagen

Ein drittes Kind kommt. Es betrachtet den Baum und streicht behutsam an seinem Stamm entlang. Nach einiger Zeit verschwinden die Kinder.

mit den Handflächen an Beinen und Körper entlangstreichen

Ein Specht kommt und sucht mit seinem spitzen Schnabel nach Maden in der Rinde. So viel und noch viel mehr erlebt ein Baum im Sommer.

mit dem Pinzettengriff am Rücken und in den Achselhöhlen immer wieder sanft zugreifen

Es ist Herbst:

Der Baum trägt nun ein buntes Blätterkleid. Er spürt die Herbstwinde, die über ihn hinwegpusten.

sanft anpusten und das stehende Kind vorsichtig mit beiden Händen in verschiedene Richtungen bewegen

Regentropfen prasseln auf ihn nieder.

mit den Fingerspitzen beider Hände schnell über den Körper, die Beine und die Arme trommeln

Ein Eichhörnchen kommt angerannt, klettert flink den Stamm hinauf und springt von Ast zu Ast. So viel und noch viel mehr erlebt der Baum im Herbst.

Hände zu Fäusten ballen und mit den Knöcheln abwechselnd und schnell von den Füßen bis zu den Armen „hinauflaufen"; dann damit von Arm zu Arm „springen"

Es ist Winter:

Es ist kalt. Der Baum ist ganz kahl. Seine Blätter hat er abgeworfen. Schneeflocken fallen vom Himmel und rieseln auf ihn nieder.

mit den Fingerspitzen sanft und langsam auf verschiedene Stellen des Körpers tippen

Es schneit immer mehr.

mit den Fingerspitzen immer schneller tippen

Schon bald bedeckt eine Schneedecke die Äste des Baums.

mit den Handflächen die Arme ganz langsam und mit leichtem Druck abstreichen

Eine Rehfamilie kommt vorbei. Sie suchen mit ihren Mäulern an den Wurzeln nach etwas Essbarem.

an den Füßen kitzeln

Der Hirsch kommt und schubbert seinen Rücken am Stamm des Baums. So viel und noch viel mehr erlebt ein Baum im Winter.

sich mit dem Rücken an den Beinen des stehenden Kindes reiben

Waldbäume

Art der Aktivität:
Experimente

Bildungsbereiche:
Forschen und entdecken,
Körper, Bewegung und
Gesundheit

Kompetenzbereiche:
Wahrnehmung weiterent-
wickeln, Sachwissen vertiefen,
Wortschatz erweitern, biologische Zusammenhänge
kennenlernen

Kinder:
2–4

Schwierigkeitsgrad:
★ ★ ☆ ☆ ☆

Aktivität:
5–10 Min.

Material:
Stethoskop

Wie isst und trinkt ein Baum? (1)

Bäume nehmen mit dem Wasser über ihre Wurzeln lebensnotwendige Mineralien und Nährstoffe auf, die im Boden vorhanden sind. Das Wasser steigt
dann im äußeren Holzbereich des Stamms, dem sogenannten Splintholz,
hinauf bis zu den Blättern. Dort verdunstet es, die Mineralien aber bleiben
im Baum. Dies ist leider ein unsichtbarer Prozess. Dennoch können Sie den
Vorgang für die Kinder anhand eines Versuchs erlebbar machen. Im Frühjahr fließt der Baumsaft besonders stark, da die Wurzeln viel Wasser aufnehmen, damit sich die Blätter schnell entwickeln. Die Kinder werden fas-
ziniert sein, die Baumsäfte durch den Stamm strömen zu hören.

Baumsäfte hören

- Suchen Sie mit den Kindern einen Baum mit dünner Rinde, z. B. eine
  Buche oder eine Birke. Bei diesen Bäumen kann man den Saftstrom
  deutlich fließen hören.

- Stellen Sie zum Einstieg die Frage in den Raum, wie sich wohl ein Baum
  ernährt. Sammeln Sie die Vermutungen der Kinder und geben Sie ihnen
  genügend Zeit, sich auszutauschen.

- Lesen Sie dann die folgende Geschichte vor, um den Kindern zu verdeut-
  lichen, dass der Baum ein lebendes Wesen ist:

> Hallo Kinder,
> ich bin eine Buche. Seit vielen Jahren stehe ich genau an dieser Stelle.
> Weggehen kann ich nicht, denn ich habe keine Beine. Aber ich habe
> Wurzeln, die mich fest im Boden verankern, damit ich nicht umfalle.
> Einen Mund habe ich auch nicht und doch kann ich essen und trinken.
> Wisst ihr wie? Ich ernähre mich, indem meine Wurzeln Wasser und
> Nährstoffe aus dem Boden aufsaugen. Ich lasse das Wasser durch
> meinen ganzen Stamm und durch alle Äste strömen bis zu meinen
> Blättern. Wollt ihr es einmal hören?

- Bitten Sie die Kinder zu überprüfen, ob man vielleicht hören kann, wie der
  Baum seine Nährstoffe aufsaugt.

- Mithilfe eines Stethoskops, das die Kinder direkt an den Baumstamm
  halten, lauschen sie dem Rauschen des Baumsaftes. Vielleicht verneh-
  men die Kinder noch weitere Geräusche: Möglicherweise sind dies
  Fressgeräusche von Maden.

- Parallel dazu hören die Kinder mit dem Stethoskop den eigenen Herz-
  schlag ab.

Wie isst und trinkt ein Baum? (2)

Material:
dünne Scheibe eines Baumstamms, Lupen, Spülmittel-Wasser-Gemisch, Pinsel oder Schwamm

Wie fließt das Wasser durch den Stamm?

- Stellen Sie eingangs die Frage, wie es ein Baum wohl schafft, das Wasser von den Wurzeln bis zu den Blättern zu transportieren. Die Kinder äußern ihre Vermutungen in einem kurzen Gespräch. Der Gedanke, dass das Wasser ohne Rohre oder Leitungen durch den verholzten Stamm fließen kann, übersteigt mit großer Wahrscheinlichkeit die Vorstellungskraft der Kinder.

- Schlagen Sie dann ein Experiment vor, bei dem die Kinder erleben können, wie dies dem Baum gelingt.

- Die Kinder untersuchen eine Scheibe eines Baumstamms. Bitten Sie die Kinder, diese anzufassen und daran zu klopfen. Wie fühlt sich die Baumscheibe an? Können die Kinder hindurchsehen? Die Kinder beschreiben das Aussehen der Baumscheibe und die wahrgenommenen Eigenschaften.

- Nun suchen die Kinder, zunächst mit bloßem Auge und dann mit Lupen, nach Durchgängen, durch die Wasser fließen könnte.

- Dann schlagen Sie vor, ein Experiment zu machen, um herauszufinden, ob Holz wasserdurchlässig ist.

- Tragen Sie dazu mit einem Pinsel oder Schwamm eine Spülmittel-Wasser-Mischung auf der einen Seite der Baumscheibe auf.

- Ein Kind pustet nun ganz kräftig gegen die andere Seite der Scheibe. Bläst es stark genug, können alle beobachten, dass sich Schaum bildet. Die Kinder erkennen, dass das Holz durchlässig ist.

- Erklären Sie weiterhin, dass der Baum das Wasser mit ebenso viel Druck „durchpustet", sodass es den Holzstamm durchströmen kann.

Tipps:

- Fragen Sie wegen einer Baumscheibe z. B. bei einem Förster nach. Vielleicht steht in seinem Revier gerade eine Baumfällung an.

- Probieren Sie im Vorfeld den Versuch aus. So ist es am wahrscheinlichsten, dass das Experiment bei den Kindern gelingt. Das Stammholz von Bäumen besteht aus mehreren Schichten. Die durchlässige Schicht ist die sogenannte Splintholzschicht, die die Kinder finden müssen, damit das Experiment funktioniert. Diese Schicht zeichnet sich durch einen helleren Jahresringebereich aus, der bis zu den Außenschichten Kambium und Bast reicht und in der sich die Leitungsbahnen für den Wassertransport befinden.

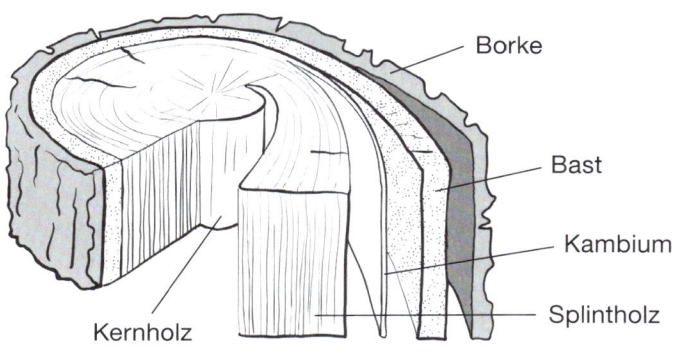

Waldbäume

Art der Aktivität:
Naturerkundung

Bildungsbereiche:
Forschen und entdecken,
Körper, Bewegung und
Gesundheit

Kompetenzbereiche:
Wahrnehmung weiterent-
wickeln, Sachwissen vertiefen,
Wortschatz erweitern, biologische Zusammenhänge
kennenlernen

Kinder:
8 – 16

Schwierigkeitsgrad:
★ ★ ☆ ☆ ☆

Aktivität:
je 5 – 15 Min.

Material:
–

Wie alt ist ein Baum? (1)

Manche Bäume leben schon sehr viel länger als ein Menschenleben dauert
und manche überdauern sogar viele Generationen. Doch wie alt ist ein Baum
und woran können die Kinder das erkennen? Bei ihren Erkundungen lernen
sie einige Merkmale zum Bestimmen des Alters kennen.

Erkennungsmerkmale des Alters

- Sprechen Sie mit den Kindern über die Erkennungsmerkmale des Alters
  bei Menschen. Woran erkennen die Kinder, ob ein Mensch jung oder alt
  ist? Dann fragen Sie, woran sie wohl das Alter eines Baums erkennen
  können.

- Notieren Sie die Ideen der Kinder für Ihre Dokumentation. Schlagen Sie
  vor, die Vermutungen der Kinder bei einer Waldexkursion auf ihre Richtig-
  keit hin zu untersuchen.

- Die Kinder erhalten die Aufgabe, junge und alte Bäume zu suchen. Woran
  machen sie ihre Beobachtungen fest? Zeigen sie auf kleine und dünne
  Bäumchen, die sie mit „jung", und auf dicke, große Bäume, die sie mit
  „alt" assoziieren?

- Regen Sie die Kinder zum genauen Hinsehen und Überlegen an. Ist ein
  Baum alt, weil er umgestürzt oder abgeholzt wurde und auf dem Waldboden liegt?

- Suchen Sie mit den Kindern einen Baumstumpf. Entdecken die Kinder
  die Jahresringe und kennen sie deren Bedeutung?

- Bitten Sie die Kinder, die Jahresringe zu zählen und so herauszufinden,
  wie alt der Baum geworden ist.

Tipp:

Organisieren Sie eine Exkursion mit einem Förster. Dieser kennt den Baumbestand seines Waldes. Bitten Sie ihn, den Kindern den ältesten Baum des
Waldes zu zeigen.

Variante:

Überreichen Sie jedem Kind als Geschenk eine Scheibe eines Baumstamms. Die Kinder zählen die Jahresringe. Wie alt war der Baum? Anschließend markieren sie mit Ihrer Unterstützung den Jahresring, der ihrem
Geburtsjahr entspricht. Weitere Markierungen werden z. B. beim Alter der
Geschwister, der Eltern oder der Großeltern gesetzt. So erhalten die Kinder
einen sichtbaren Vergleich (für eine mögliche Weiterführung siehe den Tipp
zu „Wo steht der dickste Baum?", Seite 33).

Wie alt ist ein Baum? (2)

Wo steht der dickste Baum?

- Erarbeiten Sie mit den Kindern, dass der Umfang eines Baums ein Hinweis auf sein Alter ist.

- Die Kinder messen deshalb mit unterschiedlichen Hilfsmitteln den Umfang von Baumstämmen derselben Art und vergleichen sie miteinander, z. B.:

  - Die Kinder messen die Baumstammdicke mit einem langen Wollfaden. Dazu finden sie sich paarweise zusammen. Jedes Paar erhält zur besseren Unterscheidung eine andere Wollfarbe. Nun sucht sich jedes Paar einen Baum aus, legt den Faden einmal um den Baumstamm herum und schneidet ihn ab. Die unterschiedlich langen Fäden werden auf den Boden gelegt und miteinander verglichen.

  - Der Umfang wird mit einem Maßband abgemessen.

  - Die Kinder suchen einen dicken Baum und umgreifen ihn mit ihren Armen. Gibt es einen Baumstamm, der einen so großen Umfang hat, dass mehrere Kinder sich an den Händen halten müssen, um ihn ganz umfassen zu können?

Tipp:

Greifen Sie die Aktivität „Wie alt ist ein Baum? (1)" von Seite 32 noch einmal auf. Nachdem die Kinder durch das Betrachten der Baumscheiben und das Zählen der Jahresringe eines Baums eine ungefähre Vorstellung erhalten haben, welchen Umfang die Bäume in unterschiedlichen Altersstadien haben, versuchen sie Bäume zu finden, die so alt sind wie sie selbst, ihre Geschwister, Eltern oder Großeltern.

Das Alter von Kiefern ablesen

- Suchen Sie mit den Kindern ein Waldstück aus, in dem jüngere Kiefern oder Fichten wachsen.

- Machen Sie die Kinder darauf aufmerksam, dass die Nadelbäume, wenn sie sich verzweigen, sogenannte Astquirle anlegen: Die Äste sind rings um den Stamm herum auf einer Ebene angeordnet. Jedes Jahr wächst ein neuer Astquirl und so entsteht mit den Jahren ein stockwerkartiger Aufbau des Baums. Je größer der Abstand von Astquirl zu Astquirl ist, desto besser ist die Versorgung des Baums mit Nährstoffen und Wasser.

- Zählen Sie mit den Kindern die Anzahl der Quirle vom Boden bis zur Baumspitze. So können sie bis auf wenige Jahre genau das Alter einer Kiefer oder Fichte bestimmen.

Tipp:

Auch nach dem Absterben von Ästen hinterlassen die Astansätze gut sichtbare Narben. Auf diese Weise können die Kinder auch bei älteren Bäumen versuchen, die „Aststockwerke" abzuzählen.

Material zu „Wo steht der dickste Baum?":
Schere, Wolle, Maßband

Material zu „Das Alter von Kiefern ablesen":
–

Waldbäume

Art der Aktivität:
Experiment / Naturerfahrung

Bildungsbereich:
Forschen und entdecken

Kompetenzbereiche:
Wahrnehmung weiterent-
wickeln, Sachwissen vertiefen,
Wortschatz erweitern, Naturzusammenhänge erkennen

Kinder:
4–6

Schwierigkeitsgrad:
★ ★ ☆ ☆ ☆ ☆

Aktivität:
15 Min.

Material:
mehrere Eicheln, pro Samen
1 Blumentopf, Walderde,
Gießkanne, Eimer, Schaufel

Wie Bäume sich vermehren

Wenn Kinder unter einem großen Baum stehen, ist es für sie nur schwer vorstellbar, dass auch er einmal als kleines Pflänzchen angefangen hat zu wachsen. Regen Sie die Kinder bei ihren Erkundungsgängen im Wald dazu an, auf die unterschiedlichen Wachstumsstadien von Bäumen zu achten. Vertiefen Sie diese Beobachtungen mit Wachstumsversuchen im Kinder- garten und lassen Sie die Kinder die Entwicklung des Keimlings einer Eichel selbst erleben.

So geht's:

- Gehen Sie mit den Kindern im zeitigen Frühjahr in den Wald und suchen Sie unter einer Eiche mehrere Eicheln, die am besten schon aufgeplatzt sind.

- Die Kinder füllen etwas Erde aus der direkten Umgebung einer Eiche in einen Eimer und legen die Eicheln darauf.

- Zurück im Kindergarten betrachten die Kinder die Eicheln genauer. Was ist unter der aufgeplatzten Schale zu sehen?

- Dann geben die Kinder die Erde in Blumentöpfe und legen eine Eichel pro Topf flach auf die Erdoberfläche. Sie stellen den Topf auf eine helle Fensterbank und achten die nächsten Tage darauf, dass die Erde immer feucht bleibt. Nach ungefähr einer Woche wächst aus der Eichel waage- recht eine etwa einen Zentimeter lange Wurzel, die dann rechtwinklig abknickt und kerzengerade nach unten strebt. Fast zur gleichen Zeit treibt der Spross der Eiche aus. Nach etwa drei bis vier Wochen Geduld und Sonnenschein können die Kinder die ersten Blätter ihrer selbstgezo- genen Eiche bestaunen.

Tipp:

Wenn die Wurzel im Boden verschwunden ist, lässt sich ihr Wuchs nicht mehr beobachten. Wenn Sie ein Glasgefäß zum Pflanzen verwenden, können die Kinder sehen, wie die Wurzel am Gefäßboden entlangwächst. (Achtung: Nicht zu viel gießen, damit die Erde nicht fault!)

Variante:

Sammeln Sie mit den Kindern im Herbst Baumsamen (Kastanien, Eicheln, Bucheckern, Ahornfrüchte, Fichtenzapfen). Pflanzen Sie die Samen im September oder Oktober in je einen Topf. Fichtensamen müssen vor dem Einpflanzen aus dem Zapfen gelöst werden. Nun können die Kinder den verschiedenen Baumsamen beim Wachsen zusehen.

Den Wald durchforsten

Baumsamen gibt es reichlich im Herbst, und im Frühling wachsen unzählige Pflänzchen heran. Sie müssen um Nährstoffe, Licht und Platz konkurrieren. Wenn sie größer werden, wird bei einem Nutzwald durchforstet, d.h. aus dem Baumbestand werden gezielt Bäume entnommen, damit die verbleibenden Bäume bessere Wachstumsbedingungen haben. Diesen Zusammenhang können die Kinder bei einem Spiel auf lustige Art und Weise erfahren.

So geht's:

- Die Kinder stellen sich vor, selbst ein Teil des Waldes zu sein. Dazu bilden sie zwei Gruppen: Ein Viertel der Kinder spielt den Wind. Die übrigen Kinder spielen junge Bäume in einem Wald. Sie setzen sich dazu so eng wie möglich mit geschlossenen Beinen nebeneinander in die Hocke.

- Auf Ihr Zeichen hin beginnen die Bäume zu wachsen. Die Kinder richten sich langsam auf und versuchen ihre Arme auszubreiten. Wahrscheinlich werden die Kinder schnell merken, dass sie aus Platzgründen die Arme nur in die Höhe strecken können.

- Da so viele Bäume nebeneinander stehen, können sich auch die Wurzeln nicht ausbreiten. Um das zu erfahren, stellen sich die Kinder nun auf ein Bein.

- Erzählen Sie, dass ein Wind aufzieht. Er pustet erst vorsichtig: Die Kinder, die den Wind spielen, beginnen vorsichtig auf einer Seite des Baumbestandes zu schieben.

- Dann pustet der Wind immer stärker. Den Bäumen wird es schwerer fallen, dem Wind standzuhalten. Spätestens bei Sturmstärke fallen die Bäume um.

- Sie können das Spiel fortsetzen, indem Sie oder ein Kind den Holzfäller spielen und mit einem Auszählvers ermitteln, welche Bäume den Wald verlassen müssen:

Wir zählen aus,
ein Baum muss raus.
Dich nehm ich aus
dem Wald heraus.

- Die anderen Kinder belegen sofort den frei werdenden Platz, indem sie z.B. die Beine grätschen, um sich besser zu verwurzeln. Gelingt es den Bäumen nun besser, dem Wind standzuhalten? Wie viele Bäume müssen gefällt werden, bevor alle verbleibenden Bäume stehen bleiben?

- Zum Schluss des Spiels können Sie in einem Gespräch den Vorgang der Durchforstung noch einmal aufgreifen und gemeinsam die Bedeutung anhand der eigenen Erfahrungen aufzeigen.

Art der Aktivität:
Spiel

Bildungsbereiche:
Forschen und entdecken, Körper, Bewegung und Gesundheit

Kompetenzbereiche:
Wahrnehmungs-, Konzentrationsfähigkeit und soziales Miteinander weiterentwickeln, Naturzusammenhänge erkennen

Kinder:
8–16

Schwierigkeitsgrad:
★ ★ ★ ☆ ☆

Aktivität:
25 Min.

Material:
–

Waldbäume

Art der Aktivität:
Naturerkundung

Bildungsbereiche:
Forschen und entdecken,
Miteinander leben

Kompetenzbereiche:
Wahrnehmung weiterent-
wickeln, Sachwissen und
Wortschatz erweitern, Zusammenhänge erkennen

Kinder:
5–10

Schwierigkeitsgrad:
★ ★ ☆ ☆ ☆ ☆

Aktivität:
10–60 Min.

Material pro Kind:
Malpapier, Stifte, evtl. Klemm-
brett als Unterlage

Bäume geben uns Holz

Das Holz eines Baums wird durch die Kambium-Schicht gebildet. Wächst der Baum, teilen sich die Kambialzellen nach innen und nach außen. Die äußeren entwickeln Bast oder Rinde, die inneren lagern Holzzellen an. Je nach Baumart unterscheidet sich das Holz z. B. durch Gewicht, Dichte oder Festigkeit. Holz begegnet uns überall und das nicht nur als Baumstamm, sondern vielgestaltig in seiner verarbeiteten Form etwa als Möbelstück oder als Papier. Aufgrund seiner Bedeutung für den Menschen liegt es nahe, mit den Kindern diesen nachwachsenden Rohstoff kennenzulernen und seine Eigenschaften zu erforschen.

So geht's:

- Bieten Sie den Kindern zwei Erkundungstouren an: Bei der ersten untersuchen sie das Außengelände oder die Umgebung. Wo entdecken sie überall Holz? Die zweite Erkundungstour führt durch die Räumlichkeiten der Einrichtung. Gezielte Fragen helfen den Kindern, ihre Achtsamkeit noch bewusster auf Holz, dessen unterschiedliches Aussehen und auf aus Holz gefertigte Gegenstände zu lenken, z. B.:
    - Welche Gegenstände aus Holz entdeckst du?
    - Wie viele verschiedene Holzfarben kannst du finden?
    - Welches Holz oder welches Möbelstück gefällt dir am besten und warum?
- Die Kinder malen alle Dinge zum Thema Holz auf, die sie auf ihren Entdeckungstouren sehen. Anschließend werden alle Bilder zusammengetragen, miteinander verglichen und besprochen.

Variante:

Gehen Sie mit den Kindern zu einer Holzhandlung oder zu einem Tischler und schauen Sie sich gemeinsam verschiedene Hölzer an. Bitten Sie den Tischler, den Kindern etwas über die Holzverarbeitung zu erzählen und zu demonstrieren. Bestimmt bemerken die Kinder den typischen Geruch von Holz. Wenn sie an Holzstücken von verschiedenen Baumarten riechen, werden sie feststellen, dass die Hölzer unterschiedlich riechen.

Tipp:

Fördern Sie das Umweltbewusstsein der Kinder auch in Bezug auf die Papiernutzung: Legen Sie Malpapier, Verpackungen, Flaschen mit Papieretiketten und andere Materialien in die Kreismitte. Bitten Sie die Kinder, die Dinge, die Holz beinhalten, herauszusuchen. Geben Sie den Kindern bei Bedarf Hilfestellungen und halten Sie Bilder zum Thema bereit. Nach dem Sortieren überlegen Sie mit den Kindern, warum Papier nicht verschwendet, sondern bewusst verwendet werden soll. Im Anschluss daran können Sie ihnen recyceltes Papier zeigen. Gehen Sie mit ihnen zum Altpapiercontainer, um den Weg des alten Papiers und seine Wiederverwendung zu erklären.

Lustige Holzwesen

Nachdem sich die Kinder mit dem Rohstoff Holz befasst haben, erhalten sie nun die Gelegenheit, die Verarbeitungseigenschaften von Holz direkt zu erleben, indem sie sich gestalterisch mit dem Material auseinandersetzen.

So geht's:

- Legen Sie die Holzreste und -brettchen aus und schlagen Sie den Kindern vor, daraus Holzfiguren herzustellen. Sammeln Sie gemeinsam Ideen, wie oder woraus man Gesichter, Körper, Arme und Beine herstellen könnte.

- Anschließend erhält jedes Kind ein Holzbrett als Körper für seine Figur. Dieses legt es senkrecht vor sich hin.

- Nun suchen die Kinder passende Holzabfälle, um damit die Figur zu gestalten, z. B.:

  - zwei rundliche Holzstücke als Augen oder Ohren

  - ein dreieckiges Teil als Nase

  - dünne, rechteckige Stücke als Mund

  - zwei kleine Latten als Arme

  - Beine entstehen aus Latten oder indem aus dem unteren Drittel des Bretts ein Dreieck ausgesägt wird, sodass zwei Spitzen als Beine stehen bleiben.

- Dann nageln die Kinder alle Teile an den entsprechenden Stellen auf das Brett. Geben Sie ihnen ggf. Hilfestellung.

- Mit Pappresten, Krepppapier, Wolle und Farbe vervollständigen die Kinder ihre Gestaltung, falls gewünscht.

Tipp:

Falls einige Kinder noch keine praktischen Erfahrungen im Umgang mit Werkzeugen haben, bietet es sich an, sie vor der Aktivität einen Werkstattführerschein absolvieren zu lassen. Dabei lernen die Kinder die Bezeichnungen und den richtigen Umgang mit den verschiedenen Werkzeugen der Holzwerkstatt kennen, wie etwa Nägel in ein Holzstück zu schlagen oder etwas zu sägen. Wer einen Werkstattführerschein hat, darf auch im Freispiel eigenständig in der Werkstatt arbeiten.

Art der Aktivität:
Gestalten

Bildungsbereiche:
Kreativität und Musik,
Forschen und entdecken

Kompetenzbereiche:
Fantasie und Kreativität entfalten, Feinmotorik weiterentwickeln, handwerkliche Techniken kennenlernen

Kinder:
2–4

Schwierigkeitsgrad:
★ ★ ★ ★ ☆ ☆

Aktivität:
30–45 Min.

Material:
Holzreste in verschiedenen Formen und Größen, Nägel, Hämmer, Sägen, ggf. Schraubstock, Pappreste, Krepppapier, Wollreste, Klebstoff, Plakafarbe, Pinsel, Scheren

Material pro Kind:
Holzbrett (ca. 40 x 15 x 2 cm)

Der Waldboden und seine Bewohner

Zum Thema

Für viele von uns ist der „Boden" einfach der Untergrund unter unseren Füßen, das, worauf wir stehen, unsere Häuser bauen und worauf die Pflanzen wachsen – der Ort, an dem sich der Großteil unseres Lebens abspielt. Und doch sah unser Boden nicht immer schon so aus, wie wir ihn heute vorfinden: Jahrtausende waren nötig, bis sich beispielsweise die humusreichen Böden in unseren Buchenwäldern entwickelt haben. Sie sind – wie jeder Boden – aus Gestein hervorgegangen, welches durch Verwitterungsprozesse in immer kleinere Bestandteile zerlegt worden ist. Erst das Zusammenspiel von Wettereinflüssen, Tieren, Pflanzen, Bakterien und Pilzen hat den Boden im Laufe der Zeit zu dem Untergrund gemacht, auf dem wir heute stehen.

Diesen faszinierenden Vorgang der Bodenbildung veranschaulicht das Ökosystem Wald besonders gut: Der Waldboden zeigt die verschiedenen Zersetzungsstadien, die die organischen Materialien durchlaufen, leicht nachvollziehbar auf. Mithilfe der folgenden Seiten finden die Kinder ganz einfach über ihre Sinneswahrnehmungen Zugang zu dieser Thematik und ihr natürlicher Forscherdrang regt sie an, Zusammenhänge aufzuspüren. Die Kinder werden dabei feststellen, dass der Waldboden sehr lebendig ist: Er ist mit unzähligen Bodenlebewesen durchsetzt. Die oft winzigen Tiere leisten bei der Zersetzung von Laub und Holz wichtige Arbeit und schaffen auf diese Weise humusreiche Erde. Sie sorgen in einem perfekten Recyclingprozess dafür, dass sich das Leben in einem ständigen Kreislauf erneuert. Wenn Sie mit den Kindern die Laubstreu untersuchen, werden sie eine verborgene Welt entdecken. Lernen Sie mit ihnen neben Ameisen und Regenwürmern auch die vielen anderen Bodenlebewesen näher kennen, erforschen Sie gemeinsam die unterschiedlichen Stufen des Laubzerfalls und gehen Sie so dem Geheimnis der Bodenentwicklung auf den Grund.

Aktivgeschichte

An einem Sommertag wandert Familie Lang durch den Wald. Nach einiger Zeit ist Emil sehr hungrig, Helene hat Durst und die kleine Matilda ist müde. Auf einem Platz mit fünf Baumstümpfen machen sie eine Pause. Helene zieht ihren Pullover aus, legt ihn auf ihren Baumstumpf und setzt sich darauf. Alle essen belegte Brote und trinken Limo.

Plötzlich stellt Mama fest, dass Helene einen ihrer Pferdeohrringe verloren hat. Die ganze Familie beginnt daraufhin den Boden abzusuchen.

Emil entdeckt eine Ameise, die einen riesigen Brotkrümel transportiert. Die Kinder beobachten, wie sie mit ihrer Last zu einem Ameisenhaufen läuft. Mama erklärt ihnen, dass Ameisen eine Königin haben.

Die Kinder wühlen sich durch das Laub. Sie entdecken noch einen Käfer mit rotem Muster, einen Regenwurm und eine Made. Die Kinder stellen fest, dass sie im Vergleich zu den kleinen Tieren Riesen sind. Matilda ist froh, dass sie nicht so winzig klein ist, denn vor Riesen hat sie ein bisschen Angst.

Sie beobachten noch weitere Tiere und entdecken kleine Pflänzchen, die aus dem Boden wachsen.

Da sie noch ein gutes Stück wandern müssen, schlägt Papa vor, dass sie sich auf den Heimweg machen. Helene ist traurig, da sie ihren Ohrring noch nicht gefunden haben. Als Helene wieder in ihren Pulli schlüpft, fällt etwas silbrig Glänzendes auf den Boden: Glücklich stellt sie fest, dass es ihr Ohrring ist. Mama meint, dass sie dann die ganze Zeit den Waldboden umsonst abgesucht haben, doch die Kinder finden, dass es Spaß gemacht hat und sehr spannend war.

Auf dem Heimweg geht Matilda ganz vorsichtig, da sie ja jetzt weiß, dass sie für die Tiere, die auf dem Waldboden leben, eine Riesin ist. Sie will sie nicht stören – und vielleicht haben sie ja auch Angst vor Riesen, so wie sie.

Der Waldboden und seine Bewohner

Praxisseiten

Zum Einstieg erhalten Sie Hintergrundinformationen zu den wichtigsten Funktionen des Waldbodens (S. 44) und die Kinder erleben bei einem Sockenspaziergang (S. 45), dass sich am Waldboden Interessantes verbirgt. Vor dem Hintergrund dieser Erfahrung befassen sie sich mit der Frage, was mit dem alten Laub, das jedes Jahr im Herbst von den Bäumen fällt, geschieht (S. 46). Die Kinder erkunden die verschiedenen Zersetzungsstadien des Laubs und entdecken über die Fraßspuren, welche Bodenlebewesen zu diesem Zersetzungsprozess beigetragen haben (S. 47–49). Selbst hergestellte Tierfanggeräte (S. 50) erweitern die direkten Beobachtungsmöglichkeiten und mit der Gestaltungsvorlage zu den Bodenlebewesen (S. 51) vertiefen und festigen die Kinder ihr erworbenes Wissen.

Dass es im sogenannten Totholz ziemlich lebendig zugeht, erleben die Kinder bei ihren Erkundungen (S. 52), und sie lernen bei einem Experiment (S. 53) die Verteidigungsstrategie von Waldameisen kennen. Neben diesem naturwissenschaftlichen Zugang erfahren die Kinder den Waldboden auch mit allen Sinnen: Die Aktivitäten von den Seiten 54 und 55 helfen den Kindern, ihre Erfahrungen und Beobachtungen ganzheitlich zu vertiefen.

Den Fragen, aus welchen Bestandteilen sich der Waldboden zusammensetzt und was ein Regenwurm unter der Erde tut (S. 56/57), gehen die Kinder bei einem Experiment und einer Langzeitbeobachtung nach. Das Leben eines Käfers ist das Thema einer Traumreise (S. 58/59). Sie bietet Identifikationsmöglichkeiten und die Kinder finden Entspannung und einen Moment der Einkehr, um ihre Eindrücke zu verarbeiten. Schließlich runden Bewegungsspiele zum Thema (S. 60/61) die Erfahrungsmöglichkeiten auch auf der körperlichen Ebene ab und sprechen die motorische Geschicklichkeit und Koordinationsfähigkeit der Kinder an.

Der Waldboden und seine Bewohner

Aktivgeschichte: Hungrige Riesen

auf der Stelle gehen	Es ist ein schöner Sommertag. Familie Lang **wandert** durch den Wald.
sich den Bauch halten *sich den Hals halten* *sich die Augen reiben und gähnen* *sich die Augen reiben und gähnen*	„Ich hab einen **Riesenhunger**", klagt Emil. „Ich hab einen **Riesendurst**", jammert Helene. „Ich hab ein **Riesenmüde**", stöhnt die kleine Matilda. Helene lacht und meint: „**Riesenmüde** gibt's doch gar nicht."
mit beiden Händen vor dem Körper einen großen Kreis beschreiben *sich die Augen reiben und gähnen*	Matilda stemmt die Fäuste in die Seiten und ruft: „Gibt es doch!" Da ist sie sich ganz sicher. Ihre Müdigkeit ist nämlich nicht klein, sondern **riesengroß**. Deshalb hat sie ein **Riesenmüde**.
fünf Finger einer Hand zeigen	„Dann machen wir eben da drüben Pause", sagt Papa. Er zeigt auf ein nettes Plätzchen mit **fünf** Baumstümpfen. Wie Hocker sehen sie aus. Die Sitze sind mit weichem Moos gepolstert. Und die Baumstumpfhocker reichen genau für die Familie Lang: Mama, Papa, Helene, Emil und Matilda.
fünf Finger einer Hand zeigen	Das sind **fünf** Leute.
auf der Stelle gehen *sich einen imaginären Pulli ausziehen*	Heute sind sie schon sehr lange **gewandert**. Dabei ist es Helene warm geworden. Sie **zieht ihren Pulli aus**.
	Sie legt den Pulli auf einen Baumstumpf und setzt sich drauf. Das ist richtig bequem. Endlich können sich ihre Beine ausruhen.

Materialien für den Kindergarten: Sandra Sommerfeld / Judith Le Huray, Der Wald © Hase und Igel Verlag, Garching b. München

Der Waldboden und seine Bewohner

Mama packt die belegten Brote aus.
Emil mit seinem **Riesenhunger** nimmt gleich eines
und macht einen **Riesenbiss**.
Papa holt die Limo aus dem Rucksack.
Helene mit ihrem **Riesendurst**
nimmt einen **Riesenschluck**.
Und Matilda mit ihrem **Riesenmüde**

macht beinahe einen **Riesenschlaf**.

sich den Bauch halten
in ein imaginäres Brot beißen

sich den Hals halten
aus imaginärer Flasche trinken
sich die Augen reiben und gähnen
Hände mit den Handflächen aufeinanderlegen und an die Wange halten

Aber das Brot **riecht** so lecker.
Deshalb nimmt sie ein Schinkenbrot und macht einen **Riesenbiss**.
Dann trinkt sie einen **Riesenschluck** Limo.

schnuppern
in ein imaginäres Brot beißen
aus imaginärer Flasche trinken

Plötzlich fragt Mama: „Helene, hast du einen Ohrring verloren?"
Erschrocken fasst sich Helene **ans rechte Ohr**.

an rechtes Ohrläppchen greifen

Ein Glück, sie kann ihn genau fühlen, den Ohrring mit Pferde-
anhänger. „Da ist er doch."
Danach **greift sie ans linke Ohr**. Dort ist nichts.
„Mein Pferdeohrring ist weg!", schreit sie entsetzt. „Wir müssen
suchen!"
Papa schaut auf den Waldboden. „Oje, das wird schwierig", stellt
er fest. „Wie soll man hier einen so kleinen Ohrring finden?"
Matildas **Riesenmüde** ist auf einmal verschwunden.

an linkes Ohrläppchen greifen

sich die Augen reiben und gähnen

Sie **kniet** auf den Boden und schaut hin und her.
Jede Menge braunes Laub sieht sie, aber keinen Ohrring. „Der ist
weg", meint sie.
Die ganze Familie Lang **kniet** auf dem Boden. Alle helfen suchen.

sich auf den Boden knien

sich auf den Boden knien

Emil staunt. „Schaut mal, da **krabbelt** eine Ameise. Die trägt
einen riesigen Brotkrümel weg. Der ist ja mindestens doppelt so
groß und schwer wie sie!"
„Ameisen können ihr hundertfaches Gewicht tragen", weiß Papa.
„Das ist so, als wenn wir einen kleinen Lkw hochheben würden."
„Echt?" Das kann sich Emil gar nicht vorstellen.

krabbeln

„Wo **krabbelt** die Ameise mit dem Krümel hin?", fragt Helene.
„Hier." Papa zeigt auf einen Hügel aus Laubresten, Tannennadeln
und kleinen Holzstückchen. Oben ist ein kleines Loch. Ein ganzes
Heer von Ameisen **krabbelt** raus und rein. Da ist ja mindestens so
viel Verkehr wie auf der Autobahn!
„Vielleicht bringen sie die Brotkrümel zu ihrer Königin", überlegt
Mama.

krabbeln

krabbeln

Der Waldboden und seine Bewohner

„Die haben eine Königin?", wundert sich Matilda. „Wenn ich eine Ameise wäre, dann wäre ich auch gern die Königin."
„Eine Ameisenkönigin? Auweia, dann wärst du aber winzig", lacht Emil. Er hebt ein braunes Blatt vom Boden auf. „Wenn wir so klein wie Ameisen wären, dann wäre das Blatt ja so groß wie ein Fußballfeld."

krabbeln

Matilda hat einen Käfer entdeckt, der über den Boden **krabbelt**. „Der sieht ja toll aus, mit dem roten Muster und den langen **Fühlern**", sagt sie. „Wenn wir so klein wie eine Ameise wären,

mit den Zeigefingern am Kopf Fühler darstellen

dann wäre der so groß wie ein Feuerwehrauto."
Helene schaut sich den schönen Käfer kurz an, dann sucht sie weiter nach ihrem Pferdeohrring.
Mit gespreizten Fingern wühlt sie sich durch das Laub.

mit gespreizten Fingern durch imaginäres Laub rechen

Die unteren Blätter sind schon beinahe zu Erde geworden. Dazwischen liegen Holzstückchen und verschiedene Samen, aber kein Ohrring. Sie sucht weiter.
Etwas langes, rosafarbenes **kriecht** über die Erde.

auf dem Bauch liegend kriechen

„Ein Regenwurm", stellt Helene fest. „Wenn wir so klein wie Ameisen wären, dann wäre der Regenwurm größer als eine Riesenschlange."
„Oder so groß wie ein Drache", meint Emil.
An einer anderen Stelle **kriecht** etwas, das wie ein kurzer, dicker

auf dem Bauch liegend kriechen

Wurm aussieht.
„Das ist eine Made", sagt Mama. „Wahrscheinlich wird sie mal ein Käfer."
„Wenn wir so klein wie Ameisen wären, dann wäre die Made so groß wie ein Krokodil", sagt Emil.
Matilda überlegt: „Für die kleinen Tiere sind wir **Riesen**."

sich auf die Zehen stellen und die Arme nach oben strecken

Zum Glück ist sie nicht wirklich so winzig klein.
Vor **Riesen** hat Matilda nämlich ein bisschen Angst.

sich auf die Zehen stellen und die Arme nach oben strecken

Sie finden noch viele Ameisen, sogar verschiedene Arten. Die einen sind klein und schwarz, die anderen groß und rotbraun.
Eine winzige Spinne bekommt von den riesigen Menschenhänden einen Schreck und **krabbelt** blitzschnell unter das Laub.
Auch kleine Pflänzchen entdecken sie, die vielleicht mal ein Baum werden. Nur keinen Ohrring.
Sie **wühlen** immer weiter.

krabbeln

mit gespreizten Fingern durch imaginäres Laub rechen

Der Waldboden und seine Bewohner

„Schaut mal, der Wurm hat ja viele Füße!" Matilda zeigt auf ein langes dunkelbraunes Tier, das mit unzähligen winzigen Beinchen über die Erde wandert.
„Das ist ein **Tausendfüßler**", weiß Helene.

sich vorbeugen, Arme um den Rumpf des Vordermanns schlingen, gemeinsam als „Tausendfüßler" vorwärts bewegen

Emil schüttelt den Kopf. „Der hat doch nie im Leben tausend Füße", stellt er fest. Er versucht, sie zu zählen. Doch er kommt nur bis zwölf, da verschwindet der Tausendfüßler in der Erde. Auch wenn er keine tausend Füße hat, sind es doch eine Menge.
„Zum Glück muss er keine Schuhe kaufen", lacht Mama. „Das wäre sonst ziemlich teuer."
„Und er würde hundert Tage brauchen, um die Schleifen zu binden", meint Matilda. Sie kann schon alleine Schleifen binden, aber bei ihr dauert das immer ziemlich lange.

„So, wir sollten uns langsam auf den Heimweg machen", sagt Papa. „Wir müssen noch ein gutes Stück **wandern**."
„Aber mein Ohrring!" Helene spürt eine Träne im Auge.
„Wahrscheinlich hast du den irgendwann heute im Wald verloren", meint Mama. „Jetzt zieh dich mal wieder an."
Mit traurigem Gesicht nimmt Helene ihren Pulli vom Baumstumpf, schlüpft hinein und merkt, wie etwas auf den Boden fällt. Etwas silbrig Glänzendes.
Sie **bückt** sich und hebt es auf. „Mein Ohrring!", jubelt sie.

auf der Stelle gehen

sich bücken und imaginären Ohrring aufheben

„Na, so was", sagt Mama und lacht. „Dann hing er die ganze Zeit an deinem Pulli! Und wir haben umsonst den halben Wald abgesucht."
Helene steckt den Ohrring wieder an ihr **linkes Ohrläppchen**.
„Hat doch Spaß gemacht", sagt Emil. „War beinahe so spannend wie im Zoo. Und sogar mit Drachen und Krokodilen!"
„Und einer Königin", erinnert sich Matilda.
„Dann lasst uns **Riesen** mal nach Hause **wandern**", sagt Papa.

an linkes Ohrläppchen greifen

mit großen Schritten und nach oben gestreckten Armen auf der Stelle gehen

Auf dem Heimweg geht Matilda ganz vorsichtig. Schließlich will sie all die Ameisen, Käfer, Maden und Würmer, die auf dem Waldboden leben, nicht stören.
Seit heute weiß sie nämlich, dass sie eigentlich eine **Riesin** ist.

Vielleicht haben die kleinen Tiere ja auch Angst vor **Riesen**.

sich auf die Zehen stellen und Arme nach oben strecken

sich auf die Zehen stellen und Arme nach oben strecken

Der Waldboden und seine Bewohner

Infoseite: Waldboden

Der Stoffkreislauf

- Der Waldboden ist der zentrale Ort, ohne den der Stoffkreislauf des Waldes nicht stattfinden könnte. An diesem Zusammenspiel sind Tiere und Pflanzen, chemische Vorgänge sowie Wettereinflüsse beteiligt.

- In einem intakten Waldökosystem besteht ein Gleichgewicht zwischen den Nährstoffen, die die Pflanzen aus dem Boden ziehen, und dem, was sie dem Boden z. B. als Laubstreu oder Totholz wieder zurückgeben.

- Altes Laub ist den Wettereinflüssen ausgesetzt. Seine Oberfläche wird von Bakterien und Pilzen angegriffen. Springschwänze, Milben und Zweiflüglerlarven fressen Löcher in die Blätter. Nacktschnecken, Asseln, Schnurfüßer und Saftkugler fressen das Blattgewebe so weit auf, dass nur das Blattskelett übrig bleibt. Die Laubreste und der Kot dieser Tiere werden von Regenwürmern gefressen und nach der Verdauung als erdartiger Kot wieder ausgeschieden. Das Laub ist damit abgebaut und z. B. zu Mineralsalzen zerlegt worden, die im Boden in der Humusschicht den Pflanzen für ihr Wachstum zur Verfügung stehen.

- Der Abbau von organischen Materialien geschieht unterschiedlich schnell: Buchenblätter beispielsweise brauchen etwa fünf Jahre, bis ihre Blattstruktur zerstört ist, und weitere fünf Jahre, bis daraus Mineralsalze entstanden sind.

Die Schutzfunktion

- Waldflächen schützen besser vor Hochwasser und Bodenerosion als etwa Wiesenflächen, weil der Waldboden große Mengen Regenwasser aufnehmen und speichern kann. Dies hängt unter anderem mit der Bodendichte zusammen. Zum einen entsteht durch die Aktivitäten der Bodentiere ein Hohlraumsystem (z. B. durch Regenwürmer oder Maulwürfe), zum anderen lockern die vielen Baumwurzeln den Waldboden auf und machen ihn so aufnahmefähig für Wasser. Auf diese Weise kann z. B. ein starker Gewitterregen rasch versickern.

- Wie viel Wasser der Boden jedoch über längere Zeit festhalten kann, hängt davon ab, wie tief er entwickelt ist. Sandböden nehmen Niederschläge beispielsweise rasch auf – sie geben das Wasser allerdings auch schnell wieder ab, das dann in Gräben und Bäche fließt. Enthält der Boden jedoch viel Humus, wie das bei Waldböden der Fall ist, vervielfacht sich seine Speicherfähigkeit. Wenn Waldböden Wasser aufnehmen, reinigen sie es zugleich. Je dicker die Bodenschicht ist, desto besser ist auch ihre Schutzwirkung: Regentropfen, die auf die Erde fallen, haben auf ihrem Weg durch die Atmosphäre bereits viele (Schad-)Stoffe in sich aufgenommen. Versickert der Regen im Waldboden, wirkt dieser wie ein Filter und baut die gelösten Stoffe ab. Auf diese Weise schützt der Waldboden unser Grundwasser vor Verunreinigungen.

Sockenspaziergang im Wald

Was liegt alles auf dem Waldboden und wie fühlt er sich an? Bei einem Sockenspaziergang finden die Kinder das auf interessante Art und Weise heraus. Das Hauptaugenmerk des Angebots liegt jedoch darauf, was am Ende an den Socken hängen geblieben ist.

So geht's:

- Die Kinder ziehen bei trockenem Wetter im Wald ihre Schuhe aus und Wollsocken an, mit denen sie ein Stück durch den Wald streifen. Regen Sie die Kinder durch gezielte Fragestellungen zum genauen Spüren an: Wo ist der Boden weich? Wo pikst es? Ist der Boden feucht oder trocken?

- Am Ende des Spaziergangs schauen sie unter ihre Fußsohlen. Sie stellen fest, dass vieles an den Socken haften geblieben ist.

- Die Kinder setzen sich im Kreis und ziehen vorsichtig ihre Socken ggf. über einem weißen Tuch aus. Was haben die Kinder alles „gesammelt" und was davon können sie erkennen? Gibt es Samen von Bäumen oder anderen Pflanzen? Findet sich Laub?

- Falls es sich um Samen handelt, gehen Sie mit den Kindern der Frage nach, woher die Samen stammen und welche Bedeutung es für den Wald hat, dass der Boden mit Samen bedeckt ist. Können sich die Kinder vorstellen, dass nicht nur der Wind die Samen weiterträgt, sondern dass auch die Tiere bei der Samenverbreitung einen großen Beitrag leisten?

- Erklären Sie den Kindern, dass die Samen an Tierfellen haften bleiben so wie an ihren Socken. Manche lösen sich nach einiger Zeit wieder und bleiben an anderer Stelle liegen.

- Nach dem Austausch betrachten die Kinder die Samen und anderen Fundstücke in Ruhe unter einer Lupe. Bitten Sie sie, das Aussehen und die Unterschiede zu beschreiben.

Tipps:

- Falls sich Ahornsamen an den Socken verfangen haben, können Sie dies zum Anlass nehmen, um über den Wind als Verbreiter von Samen zu sprechen: Die Kinder werfen die Ahornsamen hoch und pusten sie weiter.

- Nehmen Sie die gesammelten Samen mit in den Kindergarten. Dort säen die Kinder sie in Blumentöpfen aus (siehe S. 34). Vielleicht gelingt es und es wachsen Pflanzen.

- Falls sich Laub in verschiedenen Zersetzungsstadien oder gar Bodenlebewesen an den Socken befinden, eignen sich die nachfolgenden Aktivitäten, um diese Entdeckungen aufzugreifen und zu vertiefen.

Art der Aktivität:
Naturerkundung

Bildungsbereiche:
Forschen und entdecken, Körper, Bewegung und Gesundheit

Kompetenzbereiche:
Sachwissen vertiefen, Naturzusammenhänge erkennen

Kinder:
8–12

Schwierigkeitsgrad:
★ ☆ ☆ ☆ ☆

Aktivität:
8–15 Min.

Material:
Lupen, ggf. weißes Tuch

Material pro Kind:
Wollsocken

Der Waldboden und seine Bewohner

Art der Aktivität:
Naturerkundung

Bildungsbereich:
Forschen und entdecken

Kompetenzbereich:
Wahrnehmung weiterentwickeln, biologische Zusammenhänge kennenlernen, Sachwissen vertiefen

Kinder:
5–10

Schwierigkeitsgrad:
★ ★ ☆ ☆ ☆

Aktivität:
30 Min.

Material:
Lineal, Papier, Stift

Was passiert mit dem Laub auf dem Waldboden?

Erfahrungen mit Laub haben die meisten Kinder. Sie wissen, wie es riecht, wenn sie es bei einem Herbstspaziergang aufwirbeln, und sie haben vielleicht bereits bunte Herbstblätter für gestalterische Arbeiten genutzt. Vielleicht blieb auch beim Sockenspaziergang (S. 45) etwas Laub hängen. Doch was passiert eigentlich mit all dem Laub, das im Herbst im Wald von den Bäumen fällt? Fegt das jemand zusammen oder bleibt es liegen? Und wenn es liegen bleibt, wie dick ist dann die Laubschicht und ist der Wald dann irgendwann einmal voll, sodass kein Laub mehr hineinpasst? Diesen Fragen gehen die Kinder nach.

So geht's:

- Mit den eingangs erwähnten Fragestellungen, regen Sie die Kinder zum Nachdenken an und motivieren sie, verschiedene Waldbodenuntersuchungen durchzuführen: Welche Vorstellungen haben die Kinder? Lassen Sie sie ihre Vermutungen äußern und notieren Sie ihre Aussagen.

- Angeregt durch das Gespräch überprüfen die Kinder ihre Vorstellungen: Im Rahmen eines Waldspaziergangs messen, untersuchen und schauen sie auf und unter das Laub, das am Boden liegt. Was stellen sie fest?

- Lassen Sie die Kinder schätzen, wie dick die Laubschicht ist. Dazu nehmen sie ihre Körpergröße oder ihre Finger als Orientierungshilfe. Anschließend messen die Kinder mit ihren Fingern oder einem Lineal die tatsächliche Dicke der Laubschicht. Stimmen die Schätzungen und ihre Messungen überein?

- Vielleicht entdecken die Kinder Bodenlebewesen und zersetzte Blätter? Sehen sie den Zusammenhang zwischen den Tieren und dem Zersetzungsprozess?

- Geben Sie den Kindern die Möglichkeit, die Vorgänge in Ruhe zu beobachten und sich im Anschluss daran in der Gruppe auszutauschen.

Tipp:

Fotografieren Sie die Kinder bei ihren Erkundungen. Mit den Fotos erstellen Sie eine Collage und hängen sie gut sichtbar in der Gruppe auf. Die Kinder können so die Aktion noch einmal reflektieren. Interessierten Eltern macht die Collage Ihre Arbeit transparent und gibt ihnen zudem einen Einblick in den Alltag ihrer Kinder.

Laubstreubilder

Laubstreubilder veranschaulichen den Kindern die unterschiedlichen Zersetzungsstadien von Laubblättern und machen ihnen sichtbar, wer an der Bodenbildung beteiligt ist. Denn die verschiedenen Stadien des Zerfalls zeigen an, welche Tiere dort tätig waren: Springschwänze und Milben etwa fressen Löcher in die Blätter; Nacktschnecken, Asseln, Schnurfüßer und Saftkugler fressen das Blattgewebe auf, bis nur noch das Blattskelett übrig bleibt. Das Blattskelett wiederum wird von Regenwürmern gefressen und zu erdartigem Kot verdaut.

So geht's:

- Legen Sie mit den Kindern aus mehreren Stöcken eine sogenannte Bodenleiter. Dazu suchen Sie mit den Kindern dünne Äste und legen damit auf dem Boden vier etwa gleich große, aneinanderstoßende Rahmen von insgesamt etwa einem Quadratmeter.

- Entfernen Sie aus den Rahmen Folgendes und legen Sie das entfernte Material neben dem jeweiligen Rahmen ab:

  1. Rahmen: nichts

  2. Rahmen: ganze, unzersetzte Blätter

  3. Rahmen: ganze, unzersetzte Blätter sowie sämtliches, noch als Laubrest erkennbares Material

  4. Rahmen: die gesamte Humusschicht bis zum eigentlichen, rohen Erdboden.

- Erklären Sie den Kindern, dass in jedem Rahmen eine Bodenschicht zu sehen ist. Die Kinder untersuchen die verschiedenen Materialien mit der Lupe. Welche Blätter sind stärker zersetzt? Wie sehen diese Blätter aus?

- Wenn die Kinder ein Bodenlebewesen entdecken, schauen Sie mit ihnen in einem Bestimmungsbuch nach, um welches Tier es sich handelt.

- Ihre Beobachtungsergebnisse können die Kinder festhalten durch:

  - eine Fotocollage, die Sie gemeinsam gestalten und dann im Gruppenraum aufhängen.

  - einen Waldbodenuntersuchungsbogen. Die Kinder suchen Blätter mit Fraßspuren bzw. Blätter in verschiedenen Zersetzungsstadien, kleben diese auf je ein Blatt Papier und zeichnen, welche Tiere in der Laubschicht leben.

  - eine Collage aus unterschiedlich stark zersetzten Laubblättern.

Art der Aktivität:
Naturerkundung

Bildungsbereich:
Forschen und entdecken

Kompetenzbereiche:
Wahrnehmungs- und Konzentrationsfähigkeit weiterentwickeln, Naturzusammenhänge erkennen, Sachwissen vertiefen

Kinder:
5–10

Schwierigkeitsgrad:
★ ★ ★ ☆ ☆

Aktivität:
15–30 Min.

Material:
Lupen, dünne Äste, Bestimmungsbuch zu Bodenlebewesen, ggf. Fotoapparat, Papier, Klebstoff, Stifte

Der Waldboden und seine Bewohner

Art der Aktivität:
Experiment / Naturerkundung

Bildungsbereiche:
Forschen und entdecken,
Sprache und Literacy

Kompetenzbereiche:
Wahrnehmungs- und Konzentrationsfähigkeit weiterentwickeln, Naturzusammenhänge erkennen, Sachwissen vertiefen, Wortschatz erweitern, Gemeinschaft erleben

Kinder:
5–10

Schwierigkeitsgrad:
★ ★ ★ ☆ ☆

Aktivität:
10–20 Min.

Material:
Bestimmungsbuch zu Bodenlebewesen, Kopie der Gestaltungsvorlage S. 51

Material pro Kleingruppe:
Sieb, Becherlupe, Pinsel,
Schüssel, Tierfanggeräte
(S. 50)

Tiere in der Laubstreu (1)

Nachdem die Kinder erfahren haben, dass viele Lebewesen in den Laubschichten leben, erforschen sie diese nun eingehender. Für manche Kinder kann das bloße Auffinden und Einfangen der Tierchen eine große Herausforderung sein. Helfen Sie den Kindern beim Abbau möglicher Berührungsängste, indem Sie sich die Tiere gemeinsam ansehen und mit ihnen Details und Besonderheiten entdecken.

Was kriecht und krabbelt da?

- Stellen Sie zunächst gemeinsam mit den Kindern Regeln zum Umgang mit den Bodenlebewesen auf, z. B.:
  – Keinem Bodentierchen darf wehgetan werden.
  – Nach der Erforschung werden alle Bodentierchen zurück an ihren Auffindeort gesetzt.
- Zeigen Sie den Kindern, wie sie etwas Laub und Erde vom Boden aufnehmen und in das Sieb geben. Beim vorsichtigen Schütteln des Siebes über der Schüssel fallen die kleinen Tiere hinein. Mithilfe des Pinsels oder des Insektenstaubsaugers wird das Tier vorsichtig in eine Becherlupe gesetzt und genau untersucht.
- Geben Sie den Kindern den Tipp, auch unter Steinen nach den Tieren zu suchen.
- Dann werden Kleingruppen gebildet, die sich mit ihrer Forscherausrüstung auf Entdeckungstour begeben.
- Die Kinder betrachten die entdeckten Tierchen in aller Ruhe mit der Becherlupe. Unterstützen Sie die Kinder dabei und geben Sie ihnen Tipps, worauf sie besonders achten können, z. B.:
  – Wie groß ist das Tier?
  – Sind einzelne Körperteile erkennbar?
  – Hat es einen Rüssel?
  – Wie viele Beine hat es?
  – Welche Farbe hat es?
  – Hat das Tier Flügel? Wenn ja, wie viele?
  – Hat es Fühler?
  – Sind die Augen erkennbar?
  – Wie bewegt es sich vorwärts? Ist es schnell oder langsam?
  – Gibt es besondere Merkmale oder Auffälligkeiten?
  – Wie verhält sich das Tier? Läuft es weg, rollt es sich zusammen?
- Bestimmen Sie später in der Großgruppe mithilfe eines Buches, um welche Bodentierchen es sich handelt, und bieten Sie den Kindern die Gestaltungsvorlage (S. 51) zur Vertiefung an.

Tiere in der Laubstreu (2)

Wie leben die Bodentierchen?

- Die Kinder erweitern ihre Beobachtungen, um mehr über das Verhalten der Bodenlebewesen zu erfahren. Dazu nehmen sie einige der gefangenen Tierchen mit.

- Die Kinder schaffen passende Lebensbedingungen für die Tiere im Kindergarten:

  - Sie legen Material wie Laub, Holz und Erde vom Auffindeort in ein Behältnis, damit sich die Tiere verkriechen können.

  - Darauf geben die Kinder eine Laub- und Mulchschicht als Nahrung.

  - Bitte beachten Sie, dass manche der Tiere auch räuberisch sind und andere Tiere fressen.

- Regen Sie die Kinder durch Impulsfragen zu weiteren Beobachtungen an, z. B.: Halten sich Bodentiere lieber im Dunkeln oder im Hellen auf? Welche Farbe haben sie?

- Nach Beendigung der Forschungen bringen die Kinder alle Bodentierchen selbstverständlich wieder an den Ort zurück, an dem sie gefangen wurden.

Halten sich Asseln lieber im Dunkeln oder im Hellen auf?

- Dieser Frage können die Kinder mit einem Experiment nachgehen: Setzen Sie Asseln in eine leere Schale.

- Eine Hälfte der Schale wird mit schwarzem Karton abgedeckt, die andere wird beleuchtet. Die Kinder werden feststellen, dass die Asseln die helle Seite meiden.

- Können die Kinder sich den Grund für dieses Verhalten vorstellen?

Welche Farbe haben die Bodentierchen?

- Fragen Sie die Kinder, welche Farbe die Bodentierchen haben. Vielleicht haben sie bereits beobachtet, dass die meisten eine dunkle Farbe haben.

- Haben die Kinder eine Idee, warum die Tierchen keine Tarn- bzw. Warnfarbe wie andere Tiere haben? Die Kinder äußern ihre Vermutungen, ohne dass sie von Ihnen kommentiert werden.

- Recherchieren Sie gemeinsam mithilfe von Büchern und vertiefen Sie so die Thematik. Vielleicht finden die Kinder selbst die Lösung, dass es für die Tiere nicht lebenswichtig ist, eine Tarn- oder Warnfarbe zu haben, da sie in der Erde leben.

Material zu „Wie leben die Bodentierchen?":
Behältnis mit Laub, Holz und Erde

Material zu „Halten sich Asseln lieber im Dunkeln oder im Hellen auf?":
Schale, schwarzer Karton, Asseln

Material zu „Welche Farbe haben die Bodentierchen?":
Informationsmaterial zum Thema „Warn- und Tarnfarben"

Der Waldboden und seine Bewohner

Art der Aktivität:
Werken

Bildungsbereiche:
Forschen und entdecken,
Kreativität und Musik

Kompetenzbereiche:
Feinmotorik und Koordination
weiterentwickeln, Sachwissen
vertiefen

Kinder:
1–2

Schwierigkeitsgrad:
★ ★ ★ ☆ ☆

Aktivität:
10–15 Min.

**Material pro Kind zu
„Insektenstaubsauger":**
durchsichtige Filmdose,
Messer, 2 flexible, durchsichtige Plastikschläuche (je ca.
10 cm lang, Ø 8 mm), Nylonstoff (z. B. Feinstrumpfhose,
4 x 4 cm), Klebeband

**Material pro Kind zu
„Schüttelsieb":**
pro Schüttelsieb eine Konservendose (Ø ca. 10 cm),
Dosenöffner, stabiles Klebeband, Fliegengitter (Ø ca. 20
cm; Maschenstärke 1–2 mm),
weiße Auffangschale oder
großer Teller, Pinsel, Becherlupe

Tierfanggeräte herstellen

Die Kinder stellen für ihre Bodenforschungen Tierfanggeräte her, um damit
behutsam den Waldboden zu durchkämmen und Tiere vorsichtig einfangen
zu können.

Insektenstaubsauger

- Stanzen Sie mit einem spitzen, scharfen Messer je ein kleines Loch an
  der Ober- und Unterseite einer Filmdose heraus, sodass die Plastikschläuche gerade so hindurchpassen.

- Anschließend stecken die Kinder den ersten Schlauch ca. einen Zentimeter tief von außen durch das Loch im Dosendeckel.

- Über ein Ende des zweiten Schlauchs legen die Kinder den Nylonstoff
  und kleben ihn fest. Diesen Schlauch stecken sie so in das Loch des
  Dosenbodens, dass das Ende mit dem Nylonstoff etwa zwei Zentimeter
  in das Doseninnere hineinreicht, wenn die Dose geschlossen ist.

- Nun gehen die Kinder mit ihrem Insektenstaubsauger
  auf Entdeckungstour. Haben sie ein Bodentierchen
  gefunden, fangen sie es, indem sie es bei geschlos-
  sener Dose mit dem Schlauchteil, das aus dem
  Dosenboden herausschaut, ansaugen und dabei
  das Schlauchteil im Dosendeckel über das Tierchen
  halten.

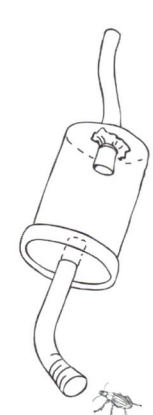

- Ist das Tier in der Dose, entleeren die Kinder den
  Insektenstaubsauger in die Becherlupe. Achtung: Nur
  Insekten einfangen, die dünner als der Schlauch sind!

Schüttelsieb

- Entfernen Sie den Deckel und den Boden der Konservendose und kleben
  Sie die scharfen Kanten mit Klebeband ab.

- Legen Sie das Fliegengitter über den Boden der Dose und befestigen Sie
  dieses gemeinsam mit einem stabilen Klebeband.

- Die Kinder füllen gesammelte Blätter, Blattreste und Erde in das Schüttel-
  sieb und halten es beim Sieben über eine weiße Auffangschale. Damit der
  Inhalt nicht versehentlich herausfällt, halten sie dabei eine Hand über die
  Dosenöffnung.

- Bestimmt entdecken die Kinder nach kurzer Zeit Tiere zwischen den
  feinen Erdkrümeln. Um diese nicht zu verletzen, nehmen sie die Tiere
  vorsichtig mit einem Pinsel oder einem Insektenstaubsauger auf und
  setzen sie in die Becherlupe.

Der Waldboden und seine Bewohner

Gestaltungsvorlage: Bodenlebewesen

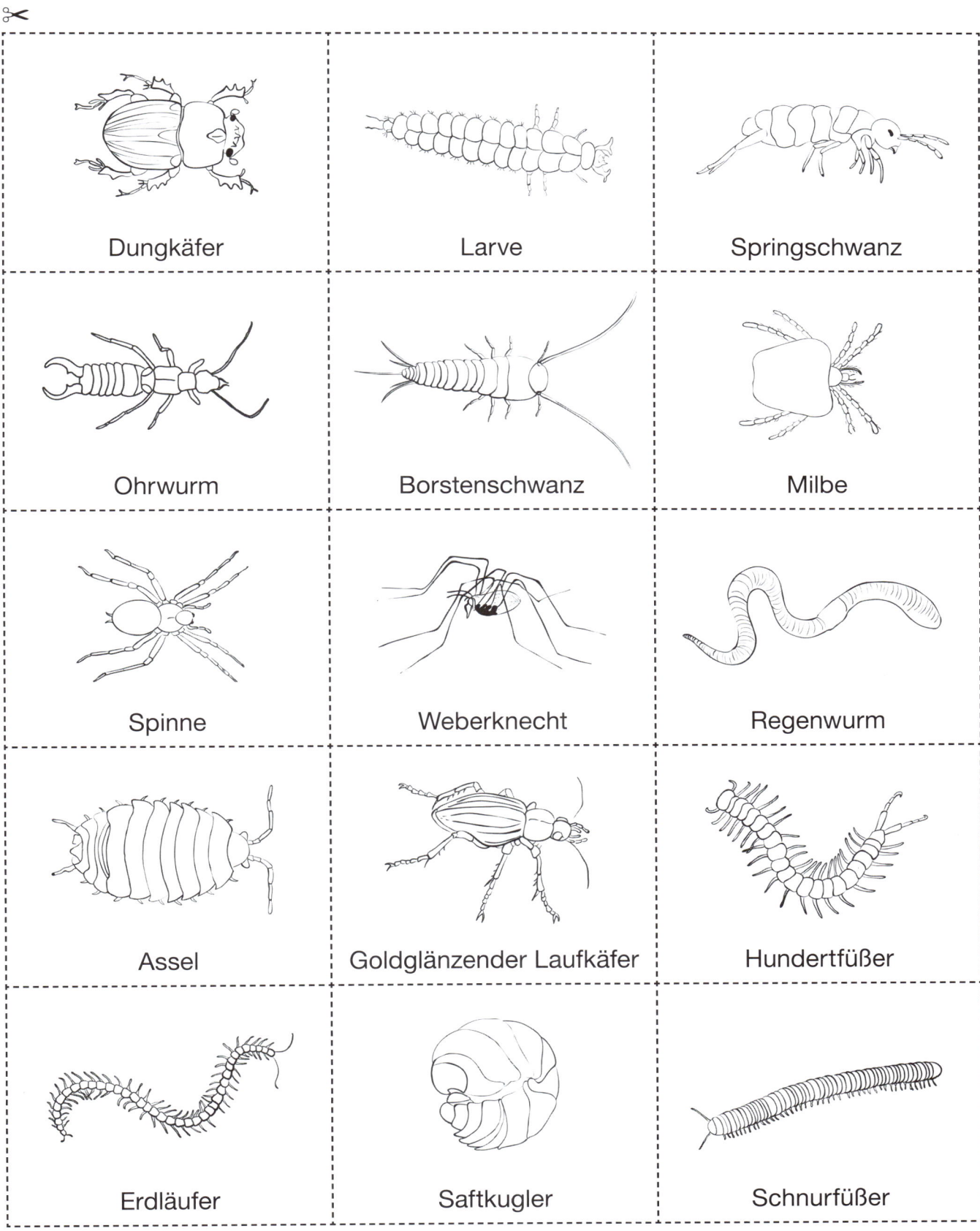

Dungkäfer	Larve	Springschwanz
Ohrwurm	Borstenschwanz	Milbe
Spinne	Weberknecht	Regenwurm
Assel	Goldglänzender Laufkäfer	Hundertfüßer
Erdläufer	Saftkugler	Schnurfüßer

Der Waldboden und seine Bewohner

Art der Aktivität:
Naturerkundung

Bildungsbereich:
Forschen und entdecken

Kompetenzbereiche:
Wahrnehmungs- und Konzentrationsfähigkeit weiterentwickeln, Naturzusammenhänge erkennen, Sachwissen vertiefen

Kinder:
5 – 10

Schwierigkeitsgrad:
★ ★ ★ ☆ ☆ ☆

Aktivität:
30 – 45 Min.

Material:
Totholz, Lupen

Totholzuntersuchung

Bei der Bodenbildung wird nicht nur das Laub zersetzt, sondern auch das sogenannte Totholz. Es bietet Flechten, Moosen, Pilzen, aber auch Tieren wie Käfern, Schnecken, Vögeln und auch einigen kleinen Säugetieren gute Wachstumsbedingungen bzw. Nahrung und Unterschlupf – und es bietet den Kindern gute Möglichkeiten, Naturkreisläufe sinnlich zu erfahren. Die Kinder können die Zersetzungsprozesse beobachten, das Totholz befühlen, daran riechen und so nachvollziehen, wie ehemals hartes Holz sich verändert und letztlich wieder zu Erde wird.

So geht's:

- Die Kinder durchkämmen in Kleingruppen ein vorgegebenes Waldstück und suchen am Boden liegende Baumstämme oder Äste.

- Anschließend kommen alle zusammen und tauschen sich über ihre Beobachtungen aus. Welches Totholz haben die Kinder gesehen?

- Jede Gruppe sucht sich nun ein Stück Totholz und untersucht es genauer. Wie sieht es aus? Wie riecht es? Wie fühlt es sich an? Die Kinder stellen gemeinsam Überlegungen an, warum dieses Holz tot ist. Mögliche Ursachen können z. B. Krankheit oder Alter des Baums, Sturm, Blitzschlag oder Beschädigung durch Tiere sein.

- Anschließend stellen die Kinder ihre Ergebnisse den anderen Kleingruppen vor und vergleichen sie miteinander.

- Dann wird das gesammelte Totholz untereinander getauscht, berochen und befühlt, bis jedes Kind alles untersucht hat. Die Kinder werden z. B. feststellen, dass die Totholzstücke unterschiedlich riechen. Dies ist bedingt durch den jeweiligen Zersetzungsgrad der Stöcke durch Pilze und Mikroorganismen.

- In einem weiteren Schritt geht es dann darum, welche Tiere sich im und am Totholz aufhalten. Suchen Sie mit den Kindern nach entsprechenden Tierspuren wie Bohrlöchern unterschiedlicher Größe von Insekten im Holz oder Fraßgängen von Larven unter der Rinde.

- Zum Abschluss suchen sich die Kinder ein besonders interessantes Stück Totholz aus und denken sich gemeinsam eine Geschichte darüber aus, was zum Absterben des Baums geführt hat und welche Tiere nun auf oder in ihm leben.

Tipp:

Suchen Sie mit den Kindern nach Zunderschwämmen. Diese Holz zersetzenden Pilze sind leicht an sterbenden und abgestorbenen Laubbäumen zu entdecken. Sie werden zwischen zehn und 30 Zentimeter hoch und zehn bis 50 Zentimeter breit. Wie der Name sagt, lieferte dieser Pilz früher den Zunder, mit dem ein Feuer entfacht werden konnte („Das brennt wie Zunder"). An der Wuchsrichtung des Pilzes erkennen Sie, wann der Pilz gewachsen ist: Seine breite Seite zeigt immer nach unten. Ist der Pilz vor dem Umfallen des Stamms gewachsen, zeigt seine breite Seite nach links oder rechts.

Waldameisen

Waldameisen sind wichtig für das Ökosystem Wald. Ihr Nest gründen sie gerne in einem morschen Baumstumpf und tragen dort einen Berg aus Fichtennadeln, kleinen Ästen und Moos zusammen. Bei ihren Aktivitäten verbreiten sie Samen und belüften den Boden. Sie fressen u. a. Honigtau und Insekten wie den Borkenkäfer und sie dienen selbst als Nahrung, z. B. für den Grünspecht. Vielleicht haben einige Kinder schon die unangenehme Wirkung von Ameisensäure kennengelernt. Die Ameisen verteidigen sich bei Gefahr damit, indem sie den Hinterleib zwischen den Beinen nach vorne kippen und ihre Säure aus einer Drüse am Hinterleib bis zu einem Meter weit spritzen. Mithilfe eines Versuchs machen Sie den Kindern die Säure, die die Ameisen absondern, sichtbar.

Die Verteidigungsstrategie der Waldameisen

- Die Kinder suchen einen Ameisenhaufen und legen eine blau blühende Blume oder Lackmuspapier darauf. Nach kurzer Zeit bespritzen die Ameisen den Fremdkörper mit ihrer Säure. Die Kinder können die chemische Reaktion an der Verfärbung beobachten. Die Stellen, die von der Säure getroffen wurden, verfärben sich rot oder rosa.

- Ameisensäure lässt sich auch am Geruch erkennen. Dazu legen die Kinder ein Papiertaschentuch auf den Ameisenhaufen und beobachten, wie die Ameisen hineinbeißen und Ameisensäure darauf spritzen. Dann riechen die Kinder daran.

Ameisenwächter

- Ameisen erkennen am Geruch, wer zu ihrer Kolonie gehört. Ameisenwächter kontrollieren am Nesteingang mit ihren Fühlern, wer Zutritt bekommt und wer nicht. Die Kinder vollziehen dies spielerisch nach: Im Vorfeld einigen sie sich auf einen „Koloniegeruch" in Form einer bestimmten duftenden Pflanze. Zwei Kinder spielen die Ameisenwächter, deren Augen verbunden werden. Die anderen Kinder sammeln entweder Pflanzen mit Koloniegeruch oder andere duftende Pflanzen.

- Die Ameisenwächter stehen sich gegenüber, halten sich an den Händen fest und bilden mit ihren Armen eine Schranke.

- Die anderen Kinder lassen nun nacheinander jeweils einen der Ameisenwächter an ihrer Pflanze schnuppern. Entsprechend des wahrgenommenen Geruchs, lassen die Ameisenwächter die Kinder durch oder verweigern den Zutritt.

- Macht ein Ameisenwächter einen Fehler, wird er zur Ameise und das Kind, das fälschlich eingelassen oder abgewiesen wurde, wird zum Ameisenwächter.

Art der Aktivität:
Experiment / Spiel

Bildungsbereiche:
Forschen und entdecken, Körper, Bewegung und Gesundheit

Kompetenzbereiche:
Sachwissen vertiefen, Wortschatz erweitern, Naturzusammenhänge erkennen, Wahrnehmung und soziales Miteinander weiterentwickeln

Kinder:
8–16

Schwierigkeitsgrad:
★ ★ ☆ ☆ ☆

Aktivität:
5–10 Min.

Material zu „Die Verteidigungsstrategie der Waldameisen":
Ameisenhaufen, blau blühende Blumen (z. B. Veilchen, Glockenblume) oder Lackmuspapier

Material zu „Ameisenwächter":
2 Augenbinden, unterschiedlich duftende Pflanzen

Der Waldboden und seine Bewohner

Art der Aktivität:
Bewegungs- und Wahrneh-
mungsspiele

Bildungsbereiche:
Forschen und entdecken,
Körper, Bewegung und
Gesundheit, Sprache und
Literacy

Kompetenzbereiche:
Wahrnehmungs- und Konzen-
trationsfähigkeit weiterentwickeln, Sachwissen vertiefen,
Wortschatz erweitern

Kinder:
5–10

Schwierigkeitsgrad:
★ ★ ☆ ☆ ☆

Aktivität:
je 5–15 Min.

**Material zu
„Die Waldbilderausstellung":**
verschiedene Naturmaterialien,
lange Stöcke

**Material zu
„Das große Gerüche-Raten":**
Walderde, Torf, Lehm, Sand,
4 Becher, viele Filmdöschen
mit Löchern im Deckel, Natur-
materialien (z. B. Laub, Rinde,
Erde, Moos, Waldfrüchte,
Tannennadeln)

Waldboden sinnlich entdecken (1)

Eine weitere Möglichkeit, sich mit dem Waldboden auseinanderzusetzen,
sind Wahrnehmungsspiele. Bieten Sie den Kindern verschiedene Möglichkeiten an, die Natur mit allen Sinnen zu entdecken und ihre Entdeckungen
in Worte zu fassen.

Die Waldbilderausstellung

- Die Kinder suchen sich allein oder zu zweit eine ca. 1 x 1 Meter große
  Waldbodenfläche aus, umrahmen sie mithilfe langer Stöcke und gestalten
  sie mit Naturmaterialien.

- Sind alle fertig, ist die Waldbilderausstellung eröffnet: Alle Kinder gehen
  gemeinsam umher und betrachten die Rahmen mit den Naturmaterialien.

- Bei der abschließenden Besprechung tauschen sich die Kinder über das
  Gesehene aus. Regen Sie die Diskussion durch gezielte Fragen an: Gibt
  es ein Bild, das allen am besten gefällt? Welche Bilder waren am interessantesten? Was gefällt den Kindern daran besonders gut?

Das große Gerüche-Raten

- Füllen Sie Walderde, Torf, Lehm und Sand in Becher und reichen Sie die
  Becher herum. Jedes Kind beriecht und befühlt die Erdsorten. Bitten Sie
  die Kinder, ihre Wahrnehmungen in Worte zu fassen. Anschließend
  probieren sie, mit geschlossenen Augen die verschiedenen Erdsorten
  wiederzuerkennen und zu benennen. Finden die Kinder die Walderde?

- Sammeln Sie mit den Kindern verschiedene Naturmaterialien, die auf
  dem Boden zu finden sind, wie Laub, Rinde, Erde, Moos, Waldfrüchte
  oder Tannennadeln. Legen Sie diese jeweils in ein Filmdöschen. Mit
  geschlossenen Augen schnuppern die Kinder an den Döschen und
  versuchen, den Inhalt zu erraten.

- Führen Sie dieses Spiel als Geruchs-Memory weiter. Hierfür füllen Sie
  zwei gleiche Naturmaterialien in je ein Filmdöschen. Halten Sie so viele
  Döschen bereit, wie Kinder mitspielen. Jedes Kind erhält ein Döschen
  und riecht daran. Es gilt nun, den Inhalt zu erkennen und den gleichen
  Geruch bei einem anderen Kind wiederzufinden. Wenn sich zwei Kinder
  mit dem gleichen Duft gefunden haben, stellen sie sich zusammen. Zum
  Schluss öffnen alle ihr Döschen, um nachzuprüfen, ob sich darin tatsächlich der erwartete Inhalt befindet.

Waldboden sinnlich entdecken (2)

Geräusche-Memory

- Füllen Sie je zwei Döschen mit Naturmaterialien wie Laub, Rinde, Erde, Moos, Waldfrüchte, Tannennadeln. Je mehr Behälter Sie befüllen, desto schwieriger, aber auch interessanter ist es, durch Schütteln die zwei gleichen Materialien herauszuhören.

- Nacheinander probieren die Kinder ihren Hörsinn aus. Hat ein Kind ein Dosenpaar gefunden, darf es die Behältnisse öffnen und den Inhalt überprüfen. Auf diese Weise verbindet es den Eindruck des Gehörten mit dem, was es sieht.

Anpirschen

- Bei dem Spiel erleben die Kinder, dass Bodenbeschaffenheit und Geräuschentwicklung beim Darübergehen miteinander in Zusammenhang stehen. Dazu setzt sich ein Kind mit verbundenen Augen auf den Boden. Die anderen stehen in einigen Metern Abstand um es herum.

- Ein Kind nach dem anderen darf sich nun anpirschen und soll dabei möglichst nicht gehört werden.

- Das Kind mit der Augenbinde zeigt auf das Kind, das sich anpirscht, sobald es dieses orten kann. Bei welcher Bodenbeschaffenheit fällt es den Kindern leichter, Geräusche zu hören, und wo gelingt es schlechter?

Die Fühlrunde

- Stellen Sie den Kindern die Aufgabe, etwas Weiches, Hartes, Stacheliges usw. zu suchen.

- Die Fundstücke werden anschließend durch Fühlen und Betasten auf ihre Beschaffenheit geprüft. Gemeinsam ordnen die Kinder die Naturmaterialien entsprechend ihrer Eigenschaft in verschiedene Kategorien.

- Nun bilden die Kinder Paare. Ein Kind schließt die Augen, das andere wählt drei Dinge aus den gesammelten Materialien aus und streicht mit einem der Fundstücke über den nackten Unterarm des Partners.

- Der Partner spürt die Beschaffenheit des Materials, ob es für ihn angenehm ist oder nicht, und versucht zu erraten, um was es sich handelt.

- Anschließend nimmt das Kind die Materialien noch mit geschlossenen Augen in die Hand und befühlt sie.

- Nachdem das Kind entdeckt hat, worum es sich bei den drei Gegenständen handelt, werden die Rollen getauscht.

- Geben Sie den Kindern im Anschluss an die Fühlrunde die Möglichkeit, sich über ihre Empfindungen auszutauschen.

Material zu „Geräusche-Memory":
viele Filmdöschen, Naturmaterialien (z.B. Laub, Rinde, Erde, Moos, Waldfrüchte, Tannennadeln)

Material zu „Anpirschen":
Augenbinde

Material zu „Die Fühlrunde":
verschiedene Naturmaterialien

Der Waldboden und seine Bewohner

Art der Aktivität:
Experiment

Bildungsbereiche:
Forschen und entdecken,
Körper, Bewegung und
Gesundheit

Kompetenzbereiche:
Wahrnehmungs- und Konzentrationsfähigkeit weiterentwickeln, Naturzusammenhänge erkennen, Sachwissen vertiefen

Kinder:
5–10

Schwierigkeitsgrad:
★ ★ ★ ☆ ☆

Aktivität:
10–20 Min.

Material zu „Schlämmprobe":
2 Schraubgläser, Wasser,
je 1 Probe Wald- und Lehmboden

Material zu „Speicherprobe":
4 Schraubgläser, Wasser,
Messbecher, Küchenwaage,
je 100 g trockener Wald- und
Lehmboden, 2 Kaffeefilter

Bodenproben

Die Kinder haben bereits einiges darüber erfahren, wie sich der Boden im Wald bildet und wer daran beteiligt ist. Doch wozu braucht man überhaupt eine Humusschicht? Bei den Wachstumsversuchen mit Eichensamen (S. 34) haben die Kinder gesehen, dass die Humusschicht für das Pflanzenwachstum wichtig ist. Bei dem folgenden Versuch erfahren sie, dass die Humusschicht nicht bei jedem Boden gleich dick ist und Böden entsprechend unterschiedlich viel Wasser aufnehmen können.

Schlämmprobe

- Die Kinder befühlen die Walderde und die Lehmbodenprobe. Welche Unterschiede erkennen sie?

- Dann füllen die Kinder das eine Schraubglas zu einem Viertel mit Walderde, das andere mit Lehm und gießen Wasser bis etwa zwei Zentimeter unterhalb des Glasrandes auf die Bodenproben.

- Nun schrauben die Kinder den Deckel auf und schütteln beide Proben kräftig durch. Anschließend lassen sie das Glas einige Minuten stehen.

- Die Kinder beobachten, welche Bodenbestandteile sich zuerst ablagern. Wie viele Schichten sind erkennbar? Das kann z. B. so aussehen: Am Glasboden liegen kleine Steinchen und Sand. Darüber legt sich eine Schicht mit Lehmteilchen. Im Wasser darüber treiben feine Tonteilchen und alle Blatt- bzw. Pflanzenreste schwimmen auf der Wasseroberfläche bzw. im oberen Bereich des Glases.

- Welche Unterschiede gibt es zwischen beiden Bodenproben? Wo schwimmen mehr Pflanzenteile? Die Kinder werden feststellen, dass die Humusschicht bei der Lehmbodenprobe dünner ist.

Speicherprobe

- Die Kinder füllen je ein Glas mit 100 g trockener Walderde bzw. mit Lehm, gießen jeweils mit 100 ml Wasser auf und schütteln alles gut durch.

- Dann gießen die Kinder das Boden-Wasser-Gemisch jeweils durch einen Kaffeefilter in ein weiteres Glas.

- Ist das Wasser durchgelaufen, wird es in einen Messbecher gegossen und die Kinder überprüfen, wie viel Wasser jede Bodenprobe durchgelassen hat. Sie werden feststellen, dass der Waldboden mehr Wasser aufgenommen hat als der Lehmboden.

- Stellen Sie den Zusammenhang her zur Bedeutung von humusreichem Boden bzw. des Waldes als Wasserspeicher z. B. bei starken Regenfällen.

Ein Regenwurm bei der Arbeit

Regenwürmer leisten einen wichtigen Beitrag bei den Zersetzungsprozessen im Waldboden. Sie leben unter der Erde im humosen Oberboden und ernähren sich von humusreicher Erde und vermodertem Pflanzenmaterial. Bei dem folgenden Experiment können die Kinder das geheime Leben der Regenwürmer unter der Erde beobachten und feststellen, wie sie bei der Bodenbildung beteiligt sind und welche Lebensbedingungen sie brauchen.

So geht's:

- Die Kinder sprechen im Kreis zunächst über Regenwürmer: Wo lebt ein Regenwurm? Was tut er dort? Was frisst er? Ergänzen Sie fehlende Informationen und schlagen Sie vor, einen Regenwurm bei seiner Arbeit zu beobachten.

- Dann richten die Kinder eine entsprechende „Wohnung" für den Regenwurm in einem Einmachglas ein. Dazu schichten sie abwechselnd jeweils etwa zwei Zentimeter hoch Walderde und Sand in ein großes Einmachglas, bis es fast voll ist (alternativ ist statt der Walderde auch Komposterde möglich).

- Anschließend sprühen die Kinder den Boden mit Leitungswasser an, bis er feucht, aber nicht nass ist.

- Nun graben die Kinder an einer feuchten Stelle im Wald (alternativ im Außengelände) vorsichtig maximal fünf Regenwürmer aus und legen sie auf die oberste Erdschicht im Glas.

- Darüber streuen die Kinder noch etwas Laub, Rasenschnitt und Kaffeesatz als Futter, stellen das Glas an einen kühlen Ort im Gruppenraum und decken es mit einem Handtuch ab, denn die Regenwürmer brauchen es dunkel.

- Etwa alle zwei Tage nehmen die Kinder das Handtuch ab und besprühen die Erde mit Wasser aus dem Wasserhahn, damit es im Glas feucht bleibt und sich die Regenwürmer wohlfühlen.

- Was können die Kinder beobachten? Nach drei bis vier Tagen ist bereits zu sehen, dass die Regenwürmer den Boden umgeschichtet haben: Regenwurmgänge werden sichtbar, die Erd- und Sandschichten sind nicht mehr so klar voneinander getrennt und etwas von dem Laub, das die Kinder auf die Erdoberfläche gelegt haben, befindet sich nun weiter unten im Glas.

- Nach maximal zwei Wochen setzen die Kinder die Regenwürmer wieder an der Stelle aus, an der sie sie ausgegraben haben.

Art der Aktivität:
Experiment / Naturerfahrung

Bildungsbereich:
Forschen und entdecken

Kompetenzbereich:
Wahrnehmungs- und Konzentrationsfähigkeit weiterentwickeln, Naturzusammenhänge erkennen, Sachwissen vertiefen

Kinder:
5 – 10

Schwierigkeitsgrad:
★ ★ ☆ ☆ ☆

Aktivität:
20 Min.

Material:
Einmachglas (mind. 1 l), Wald- oder Komposterde, Sand, Laub, Rasenschnitt, Kaffeesatz, Sprühflasche mit Wasser, max. 5 Regenwürmer, Handtuch

Der Waldboden und seine Bewohner

Art der Aktivität:
Traumreise

Bildungsbereiche:
Körper, Bewegung und
Gesundheit, Sprache und
Literacy

Kompetenzbereiche:
Konzentrationsfähigkeit
weiterentwickeln, Fantasie
entfalten, Entspannung und
Ruhe erleben, Gefühle erkennen und verarbeiten

Kinder:
4–6

Schwierigkeitsgrad:
★ ★ ☆ ☆ ☆

Aktivität:
30–45 Min.

Material:
CD-Player, CD mit Entspan-
nungsmusik

Material pro Kind:
Matte oder Decke, Farben,
Pinsel, Papier

Im Zuhause des Käfers (1)

Greifen Sie mit der Traumreise die Erfahrungen der Kinder auf und vertiefen
Sie diese. Entführen Sie die Kinder mittels einer Geschichte an einen anderen Ort. Die Kinder kommen zur Ruhe und entspannen sich. Gleichzeitig
bauen sie durch das fantasievolle Hineinversetzen in die Welt der Käfer eine
stärkere Verbindung zur Natur auf. Die Traumreise ist so aufgebaut, dass die
Kinder zum Ende der Geschichte drei Minuten Zeit haben, in ihre eigene
Fantasiewelt einzusteigen.

So geht's:

- Wählen Sie einen ruhigen Raum für die Traumreise aus.
- Statten Sie ihn mit Decken oder Matten aus, die Sie kreisförmig aus-
  legen, sodass die Fußenden alle zum Mittelpunkt zeigen.
- Bitten Sie die Kinder, sich einen Platz zu suchen.
- Als Orientierung für die Kinder erzählen Sie ihnen kurz den Ablauf der
  Traumreise. So können sie sich innerlich auf die Hintergrundmusik und
  die längere Entspannungszeit, in der nicht vorgelesen wird, einstellen.
- Bitten Sie die Kinder, sich nun bequem, mit den Füßen zur Kreismitte
  hinzulegen und die Augen zu schließen.
- Legen Sie eine ruhige Musik mit Naturklängen als Hintergrundmusik auf.
- Sprechen Sie ruhig und deutlich.
- Machen Sie nach jedem Satz eine kurze Pause, damit die Kinder sich auf
  die Worte einlassen können.
- Bieten Sie den Kindern im Anschluss an die Traumreise an, von ihren
  Erlebnissen und Gefühlen zu erzählen.
- Stellen Sie Papier und Farben bereit, damit die Kinder das Erlebte auch
  gestalterisch verarbeiten können.

Im Zuhause des Käfers (2) – Vorlesegeschichte

Schließ deine Augen und horche auf deinen Atem. Atme leicht ein … und aus … ein … und aus … ein … und aus. Du atmest ganz leicht und ruhig. Dein Körper entspannt sich mehr und mehr. Du fühlst dich wohl.

Stell dir vor, die Zimmerdecke über dir verändert sich. Nach und nach verschwindet sie und du siehst den blauen Himmel über dir. Zu deiner Überraschung liegst du auf ganz weichem Waldboden. Du spürst das warme, kuschelige Moos unter dir. Der angenehme, erdige Duft des Bodens steigt in deine Nase. Um dich herum stehen riesige Bäume. So riesige Bäume hast du noch nie gesehen. Ein Blatt dieser Bäume ist so groß, dass du es als Regenschirm benutzen könntest.

Du schaust dir den riesigen Wald an. Plötzlich hörst du das Getrappel von vielen Füßen. Es kommt immer näher und wird immer lauter. Erstaunt entdeckst du, wer zu dem Fußgetrappel gehört: Es ist ein glänzender schwarzer Käfer mit sechs Beinchen und einem kleinen Horn auf dem Kopf. Erst jetzt bemerkst du, dass du genauso klein bist wie der Käfer. Der Käfer schaut dich mit seinen schwarzen Äuglein freundlich an und begrüßt dich. Merkwürdigerweise verstehst du ihn.

Der Käfer lädt dich ein, mit ihm einen Ausflug durch den Wald zu machen. Du darfst auf seinen Rücken steigen. Der Käferrücken fühlt sich warm und glatt an. Du hältst dich an seinem Horn fest. Der Käfer krabbelt los. Dann breitet er seine Flügel aus und fliegt los. Du genießt den Flug und die angenehme Brise. Du bist neugierig, wo dich der Käfer hinbringt.

Nach kurzer Zeit setzt er zum Landen an. Du rutschst von seinem Rücken herunter und gehst mit ihm zu einer dicken Wurzel. Der Käfer möchte dir sein Zuhause unter der Laubschicht zeigen. Du hebst ein großes Blatt hoch und kriechst mit ihm unter das Laub. Dort trefft ihr seine Freunde. Alle begrüßen euch sehr nett.

Der Käfer und seine Freunde werden dir viel zeigen. Du freust dich schon darauf. Schau dir alles genau an. Merk dir, wie es im Zuhause des Käfers aussieht und was du alles erlebst. Vielleicht triffst du auf jemanden oder du siehst etwas Besonderes. Genieß die Zeit.

Nach drei Minuten: Jetzt ist es an der Zeit, dich von dem Käfer und seinen Freunden zu verabschieden und wieder hierher zurückzukehren. Du kannst dich ganz genau an dein Abenteuer erinnern.

Ich werde jetzt bis zehn zählen, dann öffnest du die Augen. 1, 2, 3, 4, 5, 6, 7, 8, 9, 10. Rekle dich und streck deine Arme und Beine aus. Du fühlst dich hellwach und erfrischt.

Der Waldboden und seine Bewohner

Art der Aktivität:
Bewegungsspiele

Bildungsbereiche:
Körper, Bewegung und
Gesundheit, Miteinander leben

Kompetenzbereiche:
Motorik, Koordinations- und
Kooperationsfähigkeit weiterentwickeln, Freude an Bewegung empfinden, Gemein-
schaftsgefühl erleben

Kinder:
10–20

Schwierigkeitsgrad:
★ ★ ☆ ☆ ☆

Aktivität:
5–15 Min.

Material:
Stöcke, Absperrband oder Seil

Waldboden und Bodenlebewesen spielerisch erleben (1)

Umgestürzte Bäume und herumliegende Stöcke bieten nicht nur Tieren einen Unterschlupf, sie üben auch eine große Anziehungskraft auf Kinder aus. Stöcke werden aufgehoben und dienen als Schlaginstrument, als Besen oder als Baumaterial. Baumstämme reizen zum Balancieren und Herumklettern. Verbinden Sie die natürliche Experimentierfreude der Kinder mit gezielten Anregungen. Bei Spielen, die die Aktivitäten der Bodentierchen aufgreifen, können die Kinder zudem ihre Erfahrungen spielerisch verarbeiten.

Stockweitwurf

- Suchen Sie ein geeignetes Waldstück und markieren Sie das Spielfeld.

- Jedes Kind sucht sich einen Stock. Von der Startlinie aus versuchen die Kinder, so weit wie möglich zu werfen. Wer schafft es am weitesten? Besprechen Sie mit den Kindern, dass dabei genügend Abstand einge-halten wird, damit sie sich nicht versehentlich mit den Stöcken verletzen.

- In einer weiteren Runde versuchen die Kinder, mit ihrem Stock einen um-gestürzten Baumstamm oder einen Baumstumpf zu treffen.

Baumstamm-Spiele

- Suchen Sie einen breiten, auf dem Boden liegenden Baumstamm. Die Kinder versuchen, vorwärts, rückwärts, seitwärts und auch in verschie-denen Geschwindigkeiten darüberzubalancieren, ohne ihr Gleichgewicht zu verlieren. Muss ein Kind abspringen, beginnt es wieder von vorne.

- In der nächsten Runde stellt sich an jedem Ende des Baumstamms ein Kind auf. Langsam balancieren die beiden aufeinander zu. Sind sie eine Armlänge voneinander entfernt, halten beide ihren linken Arm auf den Rücken, den rechten strecken sie nach vorn. Nun versuchen sie, sich gegenseitig durch Anstupsen mit dem Zeigefinger aus dem Gleichge-wicht zu bringen, bis ein Kind vom Baumstamm springen muss. Das Kind, das es schafft, länger auf dem Stamm zu bleiben, ist der Gewinner.

- In der letzten Runde krabbeln alle Kinder auf allen vieren über den Baum-stamm, laufen dann rechts oder links am Baumstamm vorbei zurück zum Ausgangspunkt und beginnen wieder von vorne.

Variante:

Liegen zwei vergleichbare Baumstämme auf dem Spielfeld, lässt sich diese Spielrunde mit älteren Kindern auch als Wettspiel mit zwei Mannschaften durchführen. Die Mannschaft, bei der zuerst alle Kinder wieder am Aus-gangspunkt angekommen sind, hat gewonnen.

Waldboden und Bodenlebewesen spielerisch erleben (2)

Waldbodensprünge

- Grenzen Sie ein größeres, quadratisches Spielfeld ab.

- Die Kinder versuchen nacheinander, mit so wenig Schritten oder Sprüngen wie möglich von der Startlinie bis zum Ziel zu gelangen.

- Die zuschauenden Kinder zählen die Schritte oder Sprünge gemeinsam laut mit.

- In einer weiteren Runde legen Sie mehrere rote Wollfäden auf dem Spielfeld aus, die die Kinder ansteuern und aufnehmen müssen. Wer schafft unter diesen Bedingungen die wenigsten Schritte?

Ameisenstraße

- Grenzen Sie ein Waldstück als Spielfläche ein und markieren Sie dort einen Punkt als Ameisenhügel. Die Kinder spielen die Ameisen und suchen sich in diesem Waldstück Naturmaterialien, die sie auf allen vieren krabbelnd zum Ameisenhügel transportieren sollen.

- Regen Sie die Kinder dazu an, möglichst verschiedene Transportmöglichkeiten auszuprobieren.

- In der nächsten Runde bilden die Kinder eine Ameisenstraße. Sie gehen dazu hintereinander in den Vierfüßlerstand und halten sich dann an den Knöcheln des Vordermanns fest.

- Auf ein Signal hin setzen sich alle Ameisen mit dem rechten Arm und dem rechten Bein beginnend in Bewegung. Gelingt es allen Ameisen am Ameisenhügel anzukommen, ohne umzufallen?

Die Hundertfüßler sind los

- Die Kinder stellen sich hintereinander auf und legen ihre Hände auf die Schultern des Vordermannes. Das erste Kind ist der Kopf des Hundertfüßlers. Alle anderen Kinder schließen die Augen.

- Der Kopf des Hundertfüßlers übernimmt die Führung und leitet seine „hundert Füße" über den Waldboden.

- Auf ein Signal hin hält der Hundertfüßler an, das Kind an der Spitze wechselt an das Ende und der neue Hundertfüßlerkopf übernimmt die Führung. Es ist eine große Herausforderung für die Kinder, auf unebenem Gelände die Augen geschlossen zu halten und die Schultern des Vordermanns nicht loszulassen. Das führende Kind muss die Wahl des Wegs und die Gehgeschwindigkeit an die Bedürfnisse der Gruppe anpassen. Wenn jedes Kind einmal den Hundertfüßler angeführt hat, ist das Spiel zu Ende.

Material zu „Waldbodensprünge":
Absperrband o. Ä., rote Wolle, Schere

Material zu „Ameisenstraße":
Naturmaterialien

Material zu „Die Hundertfüßler sind los":
–

Moose, Pilze, Kräuter und Sträucher

Zum Thema

Im Wald ist das Zusammenwirken und Zusammenleben von Pflanzen, Tieren und Kleinlebewesen sehr vielschichtig und fein aufeinander abgestimmt. Im Frühling, wenn das Licht der ersten warmen Sonnentage durch die unbelaubten Kronen der Bäume dringt und den Boden kräftig erwärmt, färbt sich der Waldboden bunt: Buschwindröschen, Schlüsselblumen, Lungenkraut und Veilchen haben ihre Chance, zu blühen und sich zu vermehren. Auch die ersten Insekten können dann wieder Nektar sammeln. Doch mit dem Laubaustrieb verändern sich die Lichtverhältnisse und damit auch die Lebensbedingungen am Boden. Es wird schattiger, die Frühblüher ziehen sich zurück und nur Pflanzen, die gut mit Schatten zurechtkommen, finden gute Wachstumsbedingungen.

Gerade der Wechsel der Jahreszeiten bietet auch den Kindern einen einfachen Zugang zu den sich verändernden Lebensbedingungen im Wald. Sie können beispielsweise selbst an einem warmen Märztag die Sonne im Gesicht wahrnehmen und so nachvollziehen, dass auch Pflanzen diese Wärme spüren und mit Wachstum reagieren. Und wenn sie im Sommer dieselbe Stelle im Wald aufsuchen, werden sie schnell bemerken, dass sich alles komplett verändert hat. Sie werden vielleicht Moose entdecken und im Spätsommer oder Herbst auf Pilze stoßen. Gehen Sie mit den Kindern auf Entdeckungsreise und lernen Sie gemeinsam die verschiedenen Pflanzenschichten des Waldes kennen. Die Kinder werden dabei auf spielerische Weise Naturzusammenhänge erleben und einige besondere Lebewesen aus der geheimen Welt des Waldes kennenlernen.

Aktivgeschichte

Laura und Niklas machen mit ihren Eltern Urlaub auf einem Campingplatz am Waldrand. Die Kinder machen mürrische Gesichter: Ihnen wäre ein Urlaub in Italien am Meer lieber gewesen. Papa baut das Zelt auf und Laura pumpt eine Luftmatratze auf.

Mama schlägt vor, dass die Kinder mit ihrem Hund Timmi in den Wald zum Spielen gehen. Da sie für den Hund keinen Wurfball dabeihaben, werfen die Kinder Fichtenzapfen. Timmi rennt ins Gestrüpp und als er zurückkommt, ist sein Fell voller Kletten. Die Kinder entfernen die Kletten aus dem Fell und werfen sie sich gegenseitig an die Kleidung.

Timmi will wieder spielen und so wirft Niklas noch mal einen Fichtenzapfen. Da Timmi nicht sofort wiederkommt, folgen die Kinder ihm bis zu einem Bach. Unterwegs übersieht Niklas Brennnesseln und läuft direkt hindurch. Beide Kinder ziehen ihre Schuhe aus und waten durch den Bach. Das Wasser kühlt Niklas' Beine, die fürchterlich brennen. Dann machen die Kinder eine Wasserschlacht und spritzen sich gegenseitig nass. Timmi hat seinen Fichtenzapfen nun doch noch wiedergefunden. Als Niklas ihn wirft, landet er in Springkrautpflanzen, die ihre Samen aus den Schoten schießen. Die Kinder finden es lustig, die Samen springen zu lassen.

Auf dem Rückweg zum Campingplatz entdecken die Kinder noch einen Heckenrosenstrauch. Niklas pflückt einige Hagebutten, holt die weißen Samen heraus und lässt sie als Juckpulver unter Lauras T-Shirt auf ihren Rücken fallen.

Zurück beim Zelt erzählen Laura und Niklas ihren Eltern begeistert, was sie alles bei ihrem Ausflug in den Wald entdeckt und erlebt haben. Als kurz darauf zwei Kinder bei ihrem Zelt vorbeikommen und mit ihnen im Sandkasten eine Burg bauen möchten, sind Laura und Niklas sofort dabei.

Moose, Pilze, Kräuter und Sträucher

Praxisseiten

Zunächst fasst eine Infoseite zu den Pflanzenschichten des Waldes (S. 68) Grundlegendes zum Thema für Sie zusammen, damit Sie sofort mit einem Beobachtungsgang (S. 69) in das Projekt einsteigen können. Weitere Erkundungsgänge (S. 70–72) regen die Kinder an, sich mit der Moos- und Krautschicht im Wandel der Jahreszeiten auseinanderzusetzen. Zwei Experimente (S. 73) bieten die Gelegenheit, die Widerstandsfähigkeit von Moos gegenüber Trockenheit und seine Wasserspeicherfähigkeit zu erforschen.

Der kreativen Seite des Themas widmen sich die Aktivitäten auf den Seiten 74 und 75. Die Kinder können bei der Gestaltung von Mooslandschaften und der Herstellung von Spielfiguren ihren eigenen Impulsen folgen und Erlebtes verarbeiten.

Um einige Besonderheiten von Pflanzen geht es in den anschließenden Angeboten: Die Verbreitungstricks von Pflanzen (S. 76) kommen dabei ebenso zur Sprache wie der Aspekt, dass manche Waldpflanzen essbar sind (S. 77–79). Die Kinder sammeln hauswirtschaftliche Erfahrungen bei der Essenzubereitung mit Holunderblüten und lernen Hagebutten als Gestaltungsmaterial und in einem Lied kennen.

Dass es sich bei Pilzen um außergewöhnliche Lebewesen handelt, erfahren die Kinder bei Beobachtungsgängen (S. 80), bei einem Spiel (S. 81), das sich mit dem Pilzwachstum befasst, sowie bei Aktivitäten auf der sprachlichen und gestalterischen Ebene (S. 82/83), bei denen ungewöhnliche Pilznamen die Fantasie der Kinder anregen.

Schließlich wird zum Kapitelabschluss die Notwendigkeit, achtsam mit Pflanzen umzugehen, thematisiert und anhand eines Liedes (S. 84/85) sprachlich und musikalisch erarbeitet.

Moose, Pilze, Kräuter und Sträucher

Aktivgeschichte: Der Spielzeugladen

Arme nach oben strecken

ein mürrisches Gesicht machen

„Ach, ist das schön hier!", freut sich Papa.
„Oh ja, herrlich, und beinahe so warm wie in Italien."
Mama **streckt sich** der Sonne entgegen.
„Wuff", bellt Timmi. Vergnügt rollt er über die Wiese.
Laura und Niklas machen **mürrische Gesichter**.
„Hier ist aber kein Meer", motzt Laura.
„Und kein Strand zum Burgenbauen", schimpft Niklas.
Wegen der blöden Autoreparatur können sie dieses Jahr nicht
nach Italien fahren. Nur auf diesen Campingplatz am Wald. Hier
wird es bestimmt total langweilig, da sind sich Laura und Niklas
ganz sicher.

Papa hat das Zelt beinahe fertig aufgebaut.
Mit dem Gummihammer **schlägt er die Heringe** in den Boden.

mit imaginärem Hammer
Heringe einschlagen
„Autsch!" rufen
den rechten Fuß auf und ab be-
wegen und dazu „pfff" sagen,
mit dem linken Fuß wiederholen

„**Autsch!**" Das war der Daumen. Papa steckt ihn in den Mund.
Laura **pumpt** mit dem Blasebalg eine Luftmatratze **auf**. Treten
und treten, mal mit dem **rechten Fuß**, dann mit dem **linken**.

sich imaginären Schweiß von
der Stirn wischen
die Hand vor das Gesicht
halten und mit der Nase
dagegenstupsen

„Puh, ist das anstrengend!", stöhnt sie
und **wischt sich den Schweiß von der Stirn**.

Der Hund winselt und **stupst** Mama **mit der Nase an**.

„Ich glaube, ihr solltet mit Timmi Gassi gehen", sagt Mama zu
Laura und Niklas. Gleich hinter dem Campingplatz beginnt der
Wald. Timmi läuft los. Er will spielen.

Moose, Pilze, Kräuter und Sträucher

„So etwas Dummes! Ich habe den Wurfball vergessen", ärgert sich Laura.

„Macht nichts", sagt Niklas. Er hat einen schönen Fichtenzapfen entdeckt. Den **wirft** er mit ganzer Kraft.

imaginären Fichtenzapfen werfen

Niklas ist erst fünf, aber er kann schon richtig weit werfen.
Der Fichtenzapfen **fliegt in hohem Bogen** zwischen den Bäumen

mit einer Hand Flugbahn beschreiben

hindurch und landet im Gestrüpp.
Mit wedelndem Schwanz rennt Timmi dem Wurfgeschoss hinterher, mitten durch dichte grüne Pflanzen.
Er **sucht und schnuppert**.

schnuppernd am Boden suchen

Bald darauf kommt er wieder heraus. Stolz trägt er den Fichtenzapfen im Maul.

„Fein!", lobt Niklas. „Aber wie siehst du denn aus? Hast du grüne Masern?" Bisher war Timmi immer schwarz-weiß. Jetzt hat er auf einmal grüne Punkte.

„Das sind Kletten", weiß Laura. Das hat sie in der Schule gelernt.
Laura **zupft** die kleinen stacheligen Kügelchen von Timmis Fell.

in der Luft zupfen

Niklas hilft ihr dabei. Bald hat er eine ganze Handvoll.
Er überlegt. Dann grinst er frech.
Wusch!, **wirft** er die volle Ladung auf Lauras pinkfarbene Hose.

imaginäre Kletten werfen

Lustig sieht sie aus: pink mit grünen Tupfen.
„Hey, dafür bekommst du das!", kichert Laura und **schleudert**
ihre Klettensammlung auf Niklas' gelbes T-Shirt.

imaginäre Kletten werfen

Das ist nun gelb mit grünen Tupfen.
Mühsam müssen die Kinder die **Tupfen von den Kleidern zupfen**.

imaginäre Kletten von der Kleidung zupfen

Timmi wird es langweilig. Er will endlich wieder spielen.
Ungeduldig **stupst** er Niklas **mit der Nase an**.

die Hand vor das Gesicht halten und mit der Nase dagegenstupsen

Niklas **wirft** den Fichtenzapfen weit in den Wald hinein.

imaginären Fichtenzapfen werfen

Fröhlich rennt Timmi dem Zapfen hinterher. Plötzlich bleibt er stehen.
Er **schnuppert**, horcht, **schaut sich um** und verschwindet.

schnuppern und sich umsehen

„Timmi, wo läufst du hin?", ruft Niklas erschrocken.
„Auweia", stöhnt Laura. „Hoffentlich ist Timmi nicht abgehauen."
Laura **schaut nach rechts**. Sie kann Timmi nicht entdecken.

nach rechts schauen

Niklas **schaut nach links**. Nirgendwo ist der Hund zu sehen.

nach links schauen

Niklas ist schon ganz mulmig im Bauch. Wo kann Timmi nur sein?
Da hören sie ein Geräusch: **Platsch, platsch, platsch!**

„Platsch, platsch, platsch" sagen

Woher kommt das?

Moose, Pilze, Kräuter und Sträucher

nach vorne zeigen

„Timmi ist da drüben im Bach!", ruft Laura erleichtert und **zeigt nach vorne**. Durch irgendwelche grüne Pflanzen rennt sie zu dem Ausreißer.

Niklas läuft ihr hinterher. Mit seiner kurzen Hose saust er durch das grüne Kraut.

mit hochgezogenen Knien auf der Stelle gehen

„Aua! Das brennt!" Jammernd **stapft** er weiter.

Wo ist er nur mit seinen nackten Beinen gelandet? Oje! Mitten in den Brennnesseln!

„Das brennt wie Feuer!", schreit er.

„Dann musst du eben löschen", ruft Laura ihm kichernd zu. „Hier am Bach."

auf der Stelle treten

Sie hat ihre Hose hochgekrempelt und **watet durch das Wasser**.

Jammernd zieht Niklas seine Schuhe aus.

auf der Stelle treten

Dann **watet** auch er **durch den Bach**.

Das tut gut! Das Wasser kühlt seine Beine. Bald brennen sie nur noch ein kleines bisschen.

Timmi schüttelt sich. Aus seinem Fell spritzen tausend Tropfen.

„Iiih!" kreischen und mit Händen abwehren

„**Iiih!**", kreischen Laura und Niklas.

Aber eigentlich ist das kalte Wasser prima an dem heißen Tag.

Niklas steckt seine Hände in den Bach.

mit beiden Händen imaginäres Wasser in die Luft spritzen

Mit beiden Händen spritzt er seine Schwester nass.

„Na, warte!", sagt Laura.

mit den Händen eine Schale formen und über dem Kopf des Nachbarn „ausleeren"

Sie **formt mit ihren Händen eine Schale**, füllt sie mit Wasser und **leert sie über** Niklas' **Kopf**.

Juhu, eine Wasserschlacht! Das macht Spaß! Bald sind beide so klitschnass, als hätten sie in ihren Kleidern gebadet.

Die Brennnessel hat Niklas ruckzuck vergessen.

Timmi hat den Fichtenzapfen wiedergefunden.

„Achtung! Hier kommt der Weitwurfweltmeister!", ruft Niklas und **wirft mit voller Wucht**.

imaginären Fichtenzapfen werfen

Klonk!, knallt der Fichtenzapfen gegen einen Baum und verschwindet zwischen vielen rosafarbenen Blumen.

„plopp, plopp, plopp" sagen

Was ist das für ein Geräusch? **Plopp, plopp, plopp!**, macht es.

„plopp, plopp, plopp" sagen

Timmi rennt mitten hinein. Da ist es wieder: **Plopp, plopp, plopp!**

Laura schaut sich die Blumen an. Wie kleine Trompeten sehen sie aus.

„Das ist Springkraut", stellt sie fest.

Niklas findet den Namen ulkig. „Kann das springen?", fragt er

mit geschlossenen Füßen auf der Stelle hüpfen

und **hüpft** lachend **auf der Stelle**.

Moose, Pilze, Kräuter und Sträucher

Laura winkt ihren Bruder zu sich. „Komm, ich zeig's dir."
An den Blumenstängeln sind kleine grüne Schoten, da **drückt**
Laura **mit Daumen und Zeigefinger** drauf.
Plopp!, schießen die Samen heraus und die Schote kringelt sich
zu einer Minischnecke.
Das ist ein lustiges Spielzeug!
Plopp, plopp, plopp!, lassen die Kinder die Samen springen.

*mit Daumen und Zeigefinger
imaginäre Schoten drücken,
dazu „plopp" sagen*

*mit Daumen und Zeigefingern
imaginäre Schoten drücken,
dazu jedes Mal „plopp" sagen*

Der Wald ist ja ein richtiger Spielzeugladen!

Auf dem Rückweg zum Campingplatz findet Laura einen leuch-
tend roten Marienkäfer mit **sieben Punkten**.

*Faust machen, sieben Mal
drauftippen, laut mitzählen*

Er sitzt auf einer schönen rosa Blüte. Vorsichtig holt sie das Tier-
chen auf ihre Hand.
Mit dieser Pflanze kennt Niklas sich gut aus. „Juckpulver", erklärt er.
„Juckpulver?", wundert sich Laura. „Wie soll das funktionieren?"
Niklas zeigt ihr die Hagebutte, die er eben vom Strauch der
Heckenrose gepflückt hat. Innen sind weiße, haarige Samen.
Er nimmt einige heraus und lässt sie unter Lauras T-Shirt auf
ihren Rücken fallen.
„Iih! Das juckt ja wie verrückt", jammert Laura
und **bewegt ganz komisch ihren Rücken**.

*den Rücken bewegen, als
würde es jucken*

Vor Schreck **fliegt** der Marienkäfer **davon**.

*einem imaginären Marienkäfer
hinterherschauen*

„Das muss ich gleich bei dir ausprobieren!", sagt Laura und zupft
schnell eine Hagebutte vom Busch.
Aber Niklas flitzt im Affentempo mit Timmi davon.

Papa liegt im Liegestuhl vor dem Zelt. „Oh, wie seht ihr denn
aus?", wundert er sich, als er seine nassen Kinder sieht.
Mama lacht. „Wart ihr im Meer **schwimmen**?"
„Nein, wir waren am Bach", verrät Niklas.
Begeistert erzählt er zusammen mit Laura, was es im Wald für
tolle Spielsachen gibt. Ganz kostenlos.

Schwimmbewegungen machen

Kurz darauf kommen zwei Kinder zu ihnen ans Zelt. Sie haben
Eimer und **Schaufeln** dabei.

*mit einer imaginären Schaufel
schaufeln*

„Wollt ihr mit uns im Sandkasten eine riesige Burg bauen?",
fragen sie.
„Klar!", rufen Laura und Niklas gleichzeitig und laufen mit den
beiden los. Vielleicht werden die Ferien ja doch ganz toll.

Moose, Pilze, Kräuter und Sträucher

Infoseite: Die Pflanzenschichten im Wald

- Im Wald wächst eine Vielzahl unterschiedlicher Pflanzen. Entsprechend ihrer Wuchshöhe werden sie vier verschiedenen Pflanzenschichten oder Stockwerken zugeordnet: der Moos-, Kraut-, Strauch- und Baumschicht. Die Ausprägung einer Schicht ist abhängig von der Zusammensetzung und Bewirtschaftung des Waldes. So kann die eine oder andere Schicht besonders ausgeprägt sein oder ganz fehlen.

- Baumschicht: Sie ist das oberste und größte Stockwerk des Waldes. Mit einer Höhe von bis zu 40 Metern wird ihr Blätterdach von den hohen Laubbäumen wie Eiche, Buche und Ahorn gebildet. Die Dichte des Blätterdachs bestimmt, welche und wie viele Pflanzen in den Stockwerken darunter wachsen. Die Baumschicht ist Lebensraum für viele Vögel, Insekten oder etwa das Eichhörnchen.

- Strauchschicht: Hier wachsen z.B. Holunder, Haselnuss, Brombeersträucher oder auch junge Bäume. Die Strauchschicht reicht bis zu einer Höhe von etwa fünf Metern und auch hier hängt die Vielfalt von der Art des Waldes ab. Die Sträucher mit ihren Blüten und Früchten bieten vielen Tieren Nahrung, wie der Haselmaus und zahlreichen Vogel- und Insektenarten. Außerdem geben sie Wildschweinen oder dem Rotwild Schutz und Deckung.

- Krautschicht: Sie erstreckt sich bis in ein Meter Höhe. Hier wachsen vor allem Kräuter wie etwa das Springkraut, Gräser und Farne, aber auch Jungbäume, und im Frühling Blütenpflanzen. In Wäldern mit überwiegend Kiefern und Lärchen ist sie stärker ausgeprägt als beispielsweise in Schattenwäldern mit dichtem Buchen-, Fichten- oder Tannenbestand. Das Wild nutzt die Krautschicht als Futterreservoir.

- Moosschicht: Sie bildet das unterste Stockwerk und wird nur wenige Zentimeter hoch. Es wachsen Moose und Pilze und auch das tote Laub zählt zu dieser Schicht. Hier kommt vor allem die Stoffwechsel- und Schutzfunktion des Waldes zum Tragen (S. 44). Moose können z.B. bei Regen das Sechs- bis Siebenfache ihres Gewichtes an Wasser speichern und geben es erst langsam wieder an den Boden ab. So verringern sie die Überschwemmungsgefahr und helfen zudem den anderen Pflanzen beim Wachsen. Die Bodenlebewesen sorgen für das Recycling des organischen Materials, und auch Spinnen, Reptilien und manche Kleinsäuger haben hier ihren Lebensraum.

- Die Pilze bilden eine ganz eigene Welt: Wurden sie früher zu den Pflanzen gezählt, bilden sie heute aufgrund ihrer physiologischen und genetischen Eigenschaften eine eigene Klassifikationskategorie. Wenn wir in der Moosschicht auf Pilzsuche gehen, sind jedoch nicht die Pilze im biologischen Sinne gemeint, sondern die Fruchtkörper von Pilzen, die aus dem unterirdischen Fadengeflecht, dem Myzel, hervorgehen, also sowohl essbare als auch ungenießbare Pilzarten.

Moose, Pilze, Kräuter und Sträucher

Die Stockwerke des Waldes

Die Kinder haben bei ihren Erkundungen sicher bereits bemerkt, dass im Wald nicht nur Bäume wachsen. Je nach Jahreszeit (siehe auch S. 70/71) entdecken sie auch andere Pflanzen wie Sträucher, Frühlingsblüher, Kräuter und Moose. Im nachfolgenden Angebot erfahren die Kinder, dass die Pflanzen des Waldes entsprechend ihrer Wuchshöhe unterschiedlichen Schichten zugeordnet werden. Sie erkunden die Moos-, Kraut-, Strauch- und Baumschicht und lernen so die Stockwerke des Waldes kennen.

Vorbereitung:

Bereiten Sie vier Karten vor, auf denen Sie jeweils eine der Pflanzenschichten aufzeichnen und anschließend beschriften.

So geht's:

- Spannen Sie zwischen zwei Bäumen vier Wäscheleinen übereinander. An die oberste sollten die Kinder mit ausgestreckten Armen noch heranreichen können. Die Leine, die für die Strauchschicht steht, sollte entsprechend der realen Verhältnisse einen sehr großen Abstand zur obersten Leine aufweisen. Die unterste Leine sollte knapp über der Erde verlaufen.

- Erklären Sie den Kindern, dass jede dieser Leinen eine Pflanzenschicht des Waldes darstellt, nämlich die Moos-, Kraut-, Strauch- und Baumschicht.

- Gemeinsam mit den Kindern überlegen Sie, welche Schicht sich wohl auf welcher Höhe befinden könnte und welche Leine dazu passt. Wenn die Kinder die richtige Antwort nennen, hängen Sie die entsprechende Bildkarte mit Wäscheklammern an der passenden Leine auf.

- Dann bilden die Kinder vier Kleingruppen, die jeweils eine der Pflanzenschichten erkunden. Jede Gruppe erhält kleine, durchsichtige Plastikbeutel. Im näheren Umkreis suchen die Kinder möglichst unterschiedliche, zur Pflanzenschicht passende Pflanzen, pflücken kleine Teile davon ab und stecken sie in das Tütchen. Besprechen Sie mit den Kindern, dass sie keine ganzen Pflanzen oder Äste abreißen dürfen.

- Anschließend befestigen die Kinder ihre Funde mit Wäscheklammern an der jeweiligen Leine. Auf diese Weise entsteht ein sehr anschauliches Modell des Etagenwachstums der Waldpflanzen.

- Benutzen Sie ein Bestimmungsbuch, um alle Pflanzen zu benennen, und beschriften Sie die Tütchen. Je nach Waldstück können die Kinder feststellen, dass eine Eiche beispielsweise in der Moos-, Kraut-, Strauch- und der Baumschicht zu finden sein kann, da allein das Höhenwachstum und nicht die Pflanzenart für die Zuordnung maßgeblich ist.

Tipp:

Im Anschluss an das Angebot können Sie die Tütchen weiterverwenden, um damit eine Pflanzenkartei anzulegen.

Art der Aktivität:
Naturerkundungsspiel

Bildungsbereich:
Forschen und entdecken

Kompetenzbereich:
Sachwissen vertiefen, Wortschatz erweitern, Naturzusammenhänge erkennen, Wahrnehmung und Kooperationsfähigkeit weiterentwickeln

Kinder:
8–16

Schwierigkeitsgrad:
★ ★ ★ ☆ ☆

Aktivität:
15–30 Min.

Material:
4 Wäscheleinen (je. ca. 6 m), Wäscheklammern, 4 Karten mit Bild und Bezeichnung der Waldschicht, durchsichtige Plastikbeutel, Klebeetiketten, Filzstifte, Bestimmungsbuch

Moose, Pilze, Kräuter und Sträucher

Art der Aktivität:
Naturerkundungsspiele

Bildungsbereiche:
Forschen und entdecken,
Körper, Bewegung und
Gesundheit

Kompetenzbereiche:
Sachwissen vertiefen, Wortschatz erweitern, biologische
Zusammenhänge kennenlernen

Kinder:
10 – 20

Schwierigkeitsgrad:
★ ☆ ☆ ☆ ☆

Aktivität:
1 – 2 Std.

Material zu „Im Frühling":
Bestimmungsbuch, Schere,
evtl. Handschuhe, Tüten,
Blumenpresse, weißes Papier,
Laminiergerät und -folien,
Ordner, Stifte

Material zu „Im Sommer":
–

Die Moos- und Krautschicht im Wandel der Jahreszeiten (1)

Durch den Wechsel der Jahreszeiten verändert der Wald ständig sein Aussehen. Gerade in der Moos- und Krautschicht wachsen im Laufe eines Jahres an ein und derselben Stelle im Wald ganz unterschiedliche Pflanzen. Es ist daher immer wieder spannend, diese Veränderungen zu beobachten und sie mit spielerischen Wahrnehmungsangeboten zu erfahren.

Im Frühling

- Suchen Sie mit den Kindern im Frühling nach Frühblühern. Mit einem Bestimmungsbuch finden Sie heraus, welche Pflanzen dort wachsen. Welche sind giftig?

- Die Kinder sammeln ein Exemplar von jeder Pflanzensorte, wenn sie in großer Menge an einem Standort vorkommt. Giftige oder geschützte Pflanzen sowie Pflanzen in Naturschutzgebieten dürfen nicht gesammelt werden.

- Im Kindergarten werden die Pflanzen gepresst.

- Nach dem völligen Trocknen kleben die Kinder die Pflanze auf ein weißes Blatt Papier und Sie beschriften es. Wenn Sie die Papiere einlaminieren, sind sie rundum geschützt und Sie können sowohl die Vorder- als auch die Rückseite nutzen.

- Die einlaminierten Pflanzen heften die Kinder systematisch in einen Ordner ab, z. B. nach Blütenfarben sortiert. Legen Sie den Ordner in der Gruppe aus, so können die Kinder jederzeit darin schmökern.

Tipp:

Falls Sie keine Blumenpresse haben, können Sie die Pflanzen auch zwischen saugfähiges Zeitungspapier in ein Buch legen und das Buch beschweren. Evtl. müssen die Zwischenlagen nach ein bis zwei Tagen ausgewechselt werden.

Im Sommer

Im Sommer, wenn die Waldbäume Laub treiben, ändern sich die Lebensbedingungen am Boden. Erkunden Sie mit den Kindern, wie der Boden an schattigen Stellen aussieht, was dort wächst und was an sonnigen bzw. halbsonnigen Stellen zu beobachten ist. Entdecken die Kinder noch Blumen oder Blüten? Versuchen Sie gemeinsam herauszufinden, wo Moos wächst und wo eher nicht.

Die Moos- und Krautschicht im Wandel der Jahreszeiten (2)

Im Herbst

- Im Herbst sinken die Temperaturen und viele Pflanzen ziehen sich zurück. Auch die Bäume ziehen ihre Säfte ab, das Laub verfärbt sich und bedeckt den Boden. Unternehmen Sie im Herbst einen sinnlichen Laubspaziergang. Für die Kinder ist es ein großer Spaß, das Laub mit den Händen aufzuzwirbeln und hochzuwerfen, mit den Schuhen durchzuschlurfen und es rascheln zu hören. Auch das Auftürmen von Laub zu Blätterbergen oder Sesseln löst Begeisterung aus.

- Nutzen Sie die Gelegenheit, um ggf. das Baumbestimmungsbuch (S. 23) zu ergänzen. Die Kinder sammeln dazu buntes Herbstlaub von jeder Baumart, pressen es im Kindergarten und kleben es entsprechend ein.

Tipp:

Wenn sich die Kinder im Frühling mit den Blütenfarben der Frühblüher auseinandergesetzt haben, können Sie dieses Thema nun vertiefen und die Kinder dazu anregen, die „Farben des Herbstes" zu sammeln und mit den bunten Blättern eine Collage zu gestalten. Falls Sie ein Herbarium angelegt haben, das die Pflanzen nach ihrer Blütenfarbe sortiert, können die Kinder die Farben und Farbqualitäten direkt vergleichen.

Im Winter

- Ein verschneiter Winterwald wirkt wie eine Märchenlandschaft. Welche Pflanzen sind in dieser Jahreszeit noch zu sehen? Wohin sind die Pflanzen, die die Kinder im Sommer noch gesehen haben, wohl verschwunden? Wie sehen die Sträucher und Bäume jetzt aus? Haben alle Bäume ihre Blätter abgeworfen oder ist auf manchen (z. B. Eichen) noch altes Laub zu sehen?

- Suchen Sie mit den Kindern außerdem Spuren von Tieren im Schnee oder im nassen Boden. Versuchen Sie gemeinsam, die Fährten zu lesen. Welche Tiere sind dort entlanggegangen? Was haben sie dort gemacht, haben sie getrunken, gefressen oder gewühlt und wohin sind sie dann weitergegangen?

- Bestimmen Sie mit einem Spurenbestimmungsbuch die jeweilige Tierart.

- Animieren Sie die Kinder, sich zu den Tierspuren Geschichten auszudenken und zu erzählen: Beispielsweise haben sich zwei Rehe am Bach getroffen, dort getrunken, sind erschreckt worden und schnell geflüchtet.

- Auch die Kinder werden feststellen, dass sie Spuren hinterlassen, die je nach Schuhsohlenprofil und Schuhgröße anders aussehen. Bitten Sie vier Kinder, im Schnee oder auf schlammigem Boden Fußabdrücke zu hinterlassen. Gelingt es den anderen Kindern, die Fußabdrücke den vier Spurenlegern zuzuordnen?

Material zu „Im Herbst":
–

Material zu „Im Winter":
Spurenbestimmungsbuch

Moose, Pilze, Kräuter und Sträucher

Art der Aktivität:
Naturerkundung / Experiment

Bildungsbereiche:
Forschen und entdecken,
Körper, Bewegung und
Gesundheit

Kompetenzbereiche:
Naturzusammenhänge er-
kennen, Sachwissen vertiefen,
Wortschatz erweitern

Kinder:
5 – 10

Schwierigkeitsgrad:
★ ★ ★ ☆ ☆ ☆

Aktivität:
15 – 30 Min.

Material:
–

Mooserkundungen (1)

Der Wald hat Einfluss auf den Wasserhaushalt der Landschaft. Der Waldboden und die Pflanzen fungieren als Wasserspeicher und verringern die
Überschwemmungsgefahr etwa bei Starkregen. Den Moosen kommt dabei
eine große Bedeutung zu, denn sie können das Sechs- bis Siebenfache
ihres Gewichts an Wasser speichern und geben es erst nach und nach
wieder an den Boden ab. Ein guter Grund, den Kindern die geheimnisvolle
Welt der Moose näherzubringen.

Wo wächst Moos?

- Tauschen Sie sich als Einstimmung auf das Thema vor der Exkursion mit
  den Kindern über Moose aus. Was wissen sie darüber? Wie sieht es aus?
  Können sie Moose beschreiben? Wissen sie, wo Moose wachsen? Notieren Sie die Aussagen für Ihre Projektdokumentation.

- Starten Sie die Exkursion in den Wald und verteilen Sie Forscheraufträge, z. B.:

  - Wo wächst überall Moos?

  - Wächst es nur am Boden oder auch an Bäumen?

  - Wächst Moos gleichmäßig am Baumstamm oder wie verteilt sich der
    Bewuchs?

- Anschließend treffen sich alle Kinder wieder und berichten von ihren
  Beobachtungen.

- Haben die Kinder eine Idee dazu, warum Moos vorwiegend auf einer
  Seite eines Baumstamms wächst? Die Kinder äußern ihre Vermutungen.
  Erklären Sie, dass Moos in unserer Region häufig auf der Westseite des
  Baums wächst, da der Wind häufig von West nach Ost weht und Nieder-
  schläge vorwiegend auf der Westseite von Bäumen niedergehen – ideale
  Wachstumsbedingungen für Moose.

Tipps:

- Die Kinder nehmen an jedem Fundort ein kleines Moospolster mit und
  legen die Fundstücke im Kindergarten zu einer Mooslandschaft zusammen. Regen Sie sie zum genauen Betrachten der Moose an. Sehen alle
  Moose gleich aus oder gibt es Unterschiede? Die Kinder tragen ihre
  Beobachtungen zusammen.

- Statt einer Landschaft legen die Kinder eine Moossammlung an. Dazu
  legen sie die gesammelten Moosstücke in einzelne größere Gläser und
  versehen sie mit Klebeetiketten. Auf diese malen die Kinder die Orte, an
  denen sie die Moose gefunden haben, z. B. unter einem Baum, an einem
  Stein oder an einer Baumrinde.

Mooserkundungen (2)

Vorbereitung:

Sammeln Sie das Moos einige Tage vor den Versuchen und lassen Sie einen Teil davon sehr gut austrocknen.

Moose überstehen Trockenheit

- Um die Eigenschaften von Moos genauer zu erforschen, bilden die Kinder zwei Gruppen. Die eine Gruppe untersucht ein trockenes, die andere ein feuchtes Moospolster: Wie fühlt sich das Moos an? Ist es weich, hart, pikst es? Ist Moos eine Pflanze? Welche Farbe hat es? Wie riecht Moos? Ist es feucht oder trocken? Die Kinder versuchen ihre Wahrnehmungen in Worte zu fassen. Anschließend tauschen die Gruppen untereinander ihre Moospolster aus.

- Dann lernen die Kinder die Regenerationsfähigkeit von Moosen kennen. Dazu nehmen sie ein komplett ausgetrocknetes Moosstück, geben es in einen Behälter und tränken es mit Wasser. Die Kinder werden staunen, da sich das Moos innerhalb kürzester Zeit wieder in ein flauschig grünes Polster verwandelt.

Moose können Wasser speichern

- Mit diesem Experiment finden die Kindern heraus, dass und wie viel Wasser Moos speichern kann. Dazu legen sie ein trockenes Moospolster vor sich auf den Tisch und drücken es mit der flachen Hand kurz zusammen. Was beobachten die Kinder?

- Anschließend nehmen sie einen kleinen Behälter, füllen ihn mit Wasser und legen das Moos für ein paar Minuten hinein.

- Danach holen sie das Polster heraus und drücken das Wasser vorsichtig über einem Becher aus. Die Kinder erkennen, dass sich das Moos wie ein Schwamm vollgesogen hat.

- Nun probieren die Kinder aus, wie viel Wasser ein trockenes Moospolster aufnehmen kann, ohne dass das Wasser wieder herausläuft. Dazu geben sie mit einem Messbecher oder einer Plastikspritze langsam Wasser auf das Moos.

Tipp:

Um das Experiment noch spannender zu gestalten, können Sie die Kinder raten lassen, wie viel Wasser vom Moos aufgesaugt werden kann. Probieren Sie dazu den Versuch im Vorfeld aus und messen Sie die Wassermenge ab. Stellen Sie den Kindern beim Schätzen drei verschiedene Flüssigkeitsmengen als Orientierungshilfe zur Verfügung. Welche der drei Mengen ist die passende?

Material zu „Moose überstehen Trockenheit":
feuchtes und gut ausgetrocknete Moospolster, kleiner Behälter, Wasser

Material zu „Moose können Wasser speichern":
mehrere ausgetrocknete Moospolster, Becher, Wasser, kleiner Behälter, Messbecher oder Plastikspritze

Moose, Pilze, Kräuter und Sträucher

Art der Aktivität:
Gestalten

Bildungsbereiche:
Kreativität und Musik,
Miteinander leben

Kompetenzbereiche:
Fantasie und Kreativität
entfalten, Kooperations-
fähigkeit und Feinmotorik
weiterentwickeln, Vorfreude
und Spannung erleben

Kinder:
5–10

Schwierigkeitsgrad:
★ ★ ☆ ☆ ☆

Aktivität:
20–30 Min.

Material:
Moospolster, Naturmaterialien
(z. B. Wurzeln, Rinde, kleine
Äste, Federn, Blätter, Steine,
Hagebutten, Baumsamen,
Kiefernzapfen)

Mooslandschaft

Nachdem die Kinder bereits die Eigenschaften von Moos kennengelernt
haben, können sie ihre Erfahrungen mit dieser Aktivität gestalterisch vertiefen. Dazu beziehen sie das Moos als bereits vorhandene Miniaturland-
schaft in ihre Gestaltungen ein oder nutzen es als Baumaterial.

So geht's:

- Suchen Sie mit den Kindern eine größere, mit Moos bewachsene Stelle.

- Um die Kinder auf das Angebot einzustimmen, erzählen Sie ihnen, dass
  in dem Waldstück Zwerge und Wichtel wohnen. Diese freuen sich
  bestimmt, wenn die Kinder ihnen eine neue Spiellandschaft bauen.

- In Kleingruppen suchen sich die Kinder dann ein geeignetes Plätzchen
  und bauen dort beispielsweise ein Dorf, eine Hütte oder einen Spielplatz
  für Wichtel und Zwerge. Hierzu verwenden sie alle Naturmaterialien, die
  sie finden.

- Steigern Sie die Motivation, indem Sie erzählen, dass die Zwerge sehr
  neugierig sind, bestimmt heimlich bei den Bauarbeiten zuschauen und
  es gar nicht abwarten können, dort später alles auszuprobieren.

- Haben alle Kleingruppen ihr Landschaftsstück fertig gestaltet, stellen die
  Kinder dieses den anderen vor.

- Zum Schluss können die Kinder den Zwergen und Wichteln zurufen, was
  sie für sie gebaut haben.

Tipp:

Wahrscheinlich wollen die Kinder wissen, ob die Zwerge tatsächlich ihre
Spiellandschaft besucht haben. Gehen Sie mit den Kindern in den nächsten
Tagen noch einmal zu der Stelle. Legen Sie im Vorfeld für jedes Kind z. B.
eine Glasmurmel in das Moos sowie einen kleinen Brief, in dem sich die
Zwerge und Wichtel bei den Kindern bedanken.

Variante:

Die Kinder nehmen an verschiedenen Stellen kleine Moospolster mit. In
flachen Behältern oder Kartons legen sie diese als Landschaften aus und
vervollständigen sie mit weiteren Naturmaterialien. Anschließend können die
Kinder ihre Mooslandschaft mit selbst gemachten Figuren (S. 75) bespielen.
Achtung: Sammeln Sie nie das ganze Moos eines Standorts, sondern nur
punktuell, sodass immer genug zum Erholen des Bestands übrig bleibt.
Geschützte Moosarten dürfen nicht gesammelt werden.

Waldwichtel aus Naturmaterialien

Auf dem Waldboden liegen interessante Naturmaterialien, die Kinder gerne sammeln und womit sie gerne spielen. Lenken Sie den Blick gezielt darauf und regen Sie die Kinder an, mit den Fundstücken direkt vor Ort oder im Kindergarten beispielsweise Figuren für ihre Mooslandschaften (S. 74) zu gestalten.

So geht's:

- Zunächst sammeln die Kinder Wurzeln, Rindenstücke, Samen, Blüten-stände, eigenartig geformte kleine Ästchen, Blätter oder Federn.

- Falls die Waldwichtel vor Ort gestaltet werden sollen, kommen die Kinder an einer vorher abgesprochenen Stelle zusammen.

- Ansonsten kehren alle für die Gestaltungsphase in den Kindergarten zurück. Dies ist dann zu empfehlen, wenn z. B. Werkzeuge wie Hammer oder Säge verwendet werden sollen und im Wald kein sachgerechter Umgang damit möglich ist.

- Geben Sie den Kindern ggf. Hilfestellung bei der Umsetzung ihrer Vor-stellungen und regen Sie sie durch Impulse an, falls der kreative Prozess ins Stocken gerät, z. B.: Haben die Wichtel Haare? Welche Kleidung tra-gen sie? Hier liegen Buckeckern – wozu könnte man die wohl benutzen?

- Schlagen Sie den Kindern vor, ihrem Waldwichtel einen Namen zu geben, denn dadurch bauen die Kinder einen größeren Bezug zu ihrem Werk auf. Vielleicht regen die verschiedenen Figuren auch dazu an, ein Rollenspiel zu entwickeln.

Tipps:

- Schlagen Sie den Kindern vor, ihre Mooslandschaften noch weiter aus-zubauen und z. B. Häuser für die Wichtel herzustellen.

- Es bietet sich an, die entstandenen Kunstwerke nach der aktiven Spiel-phase zu einer kleinen Ausstellung zusammenzustellen und interessierten Eltern zu präsentieren.

Variante:

Waldwichtel lassen sich auch gut aus Ton oder Lehm herstellen. Jedes Kind erhält einen Klumpen Ton, gibt ihm die gewünschte Form und gestaltet ihn mit den gesammelten Naturmaterialien zu einem Waldwesen. Auch hier gilt: Der Fantasie sind keine Grenzen gesetzt.

Art der Aktivität:
Gestalten

Bildungsbereich:
Kreativität und Musik

Kompetenzbereiche:
Fantasie und Kreativität entfalten, Feinmotorik weiter-entwickeln, Vorfreude und Spannung erleben

Kinder:
4–6

Schwierigkeitsgrad:
★ ★ ☆ ☆ ☆

Aktivität:
10–30 Min.

Material:
Naturmaterialien (z. B. Wurzeln, Rinde, kleine Äste, Federn, Blätter, Steine, Moos, Hage-butten, Baumsamen, Kiefern-zapfen), Bast, Klebstoff, ggf. Werkzeuge wie Handbohrer, kleine Säge, Hammer, Nägel

Moose, Pilze, Kräuter und Sträucher

Art der Aktivität:
Naturerkundungsspiele

Bildungsbereiche:
Forschen und entdecken,
Körper, Bewegung und
Gesundheit

Kompetenzbereiche:
Sachwissen vertiefen, Natur-
zusammenhänge erkennen,
Wahrnehmung, Motorik und
Koordinationsfähigkeit weiter-
entwickeln

Kinder:
8 – 12

Schwierigkeitsgrad:
★ ★ ☆ ☆ ☆

Aktivität:
je 10 – 20 Min.

Material zu „Springkraut":
Springkrautschoten

Material zu „Kletten":
Baumwolltuch, Klettensamen

Springkraut und Kletten – Wie sich Pflanzen verbreiten

In der Krautschicht des Waldes sind vor allem Gräser, Farne und im Frühling auch Blütenpflanzen zu finden. Doch nur wenige Blütenpflanzen kommen mit der schattigen Lage unter dem Blätterdach der Bäume im Sommer zurecht. Eine Ausnahme bildet das heimische Springkraut mit seinen gelben Blüten oder auch das rosa blühende Indische Springkraut. Es hat sich erst seit dem 19. Jahrhundert eingebürgert und droht vielerorts, alles zu überwuchern. Ein Grund für seine schnelle Ausbreitung ist seine besondere Vermehrungsstrategie. Die Kinder können sie sehr vergnüglich selbst erproben.

Springkraut

- Im Spätsommer bzw. im Frühherbst trägt das Springkraut Fruchtkapseln, die die Samen im reifen Zustand bei Berührung meterweit in die Gegend schleudern. Suchen Sie mit den Kindern Springkrautpflanzen und lassen Sie sie die reifen Schoten vorsichtig mit Daumen und Zeigefinger nehmen und drücken. Das Aufplatzen der Schleuderkapseln kitzelt an den Fingern und die Kapseln geben dabei ein ploppendes Geräusch von sich. Die Kinder werden bestimmt kaum genug von diesem Vergnügen bekommen.

- Betrachten und befühlen Sie mit den Kindern die aufgeplatzte Schleuderkapsel und die kleinen Samen und bitten Sie die Kinder, ihre Beobachtungen zu beschreiben. Überlegen Sie gemeinsam, warum die Pflanze ihre Samen wohl so weit wegschleudert.

Kletten

- Kletten haben eine weitere interessante Vermehrungsstrategie entwickelt. Ihre Samen sind mit kleinen Haken versehen und bleiben im Fell von Säugetieren hängen. Auf diese Weise werden sie eine Weile von dem Tier transportiert und fallen dann von selbst wieder ab oder werden von dem Tier aus dem Fell herausgekratzt. Im Herbst untersuchen die Kinder zunächst Pflanzen mit Klettensamen. Sie werden feststellen, dass sich die kleinen Widerhaken schwer von den Fingern lösen lassen. Vielleicht erkennen die Kinder dabei auch das Prinzip des Klettverschlusses, den sie an ihren Schuhen oder Jacken tragen.

- Zum spielerischen Erproben dieser Vermehrungsstrategie hängen Sie ein Tuch zwischen zwei Sträucher. Die Kinder probieren aus, dieses mit den Kletten zu treffen. Jeder pflückt sich dafür drei Kletten. Wer schafft es, dass alle seine Kletten am Tuch hängen bleiben? Was ist der beste Abstand zwischen Werfer und Tuch?

Holunderblüten – Essbares aus dem Wald

Fast das ganze Jahr über finden sich in den verschiedenen Stockwerken des Waldes Früchte und Pflanzen, die nicht nur für Tiere, sondern auch für den Menschen genießbar sind. Nicht nur beim Pilzesammeln ist jedoch Vorsicht geboten, denn es gibt auch giftige Pflanzen. Wer nicht selbst Experte ist, sollte unbedingt Fachleute zurate ziehen, um beispielsweise Bärlauch nicht mit Maiglöckchenblättern zu verwechseln. Keine Verwechslungsgefahr besteht jedoch beim Holunder. Seine Blüten leuchten im Frühjahr einladend und sein Geruch ist unverwechselbar. Nutzen Sie das Frühjahr, um den Kindern zu zeigen, dass man auch aus Holunderblüten etwas Leckeres zubereiten kann.

Holunderblüten-Pudding

Zutaten für 6 Portionen: 5 große Holunderblütendolden, 1 l Milch, 2 Päckchen Sahnepuddingpulver, 4 EL Zucker, evtl. 1 Becher Schlagsahne

- Holunder blüht je nach Region etwa von Mai bis Juli. Pflücken Sie mit den Kindern bei sonnigem Wetter frisch aufgeblühte Holunderblütendolden.

- Im Kindergarten werden die Dolden vorsichtig ausgeschüttelt, um unliebsame Insekten aus den Blüten zu vertreiben, vorsichtig gewaschen, trocken getupft und über Nacht in Milch gelegt.

- Am nächsten Tag kochen Sie gemeinsam mit den Kindern die Milch einmal auf, gießen sie durch ein Sieb ab und kochen damit Pudding nach Packungsanweisung.

- Wer mag, schlägt noch einen Becher Schlagsahne und zieht sie unter den abgekühlten Pudding. Fertig ist der Holunderblüten-Pudding.

Holunderküchlein

Zutaten für ca. 16 Küchlein: 16–20 Holunderblütendolden, 4 Eier, 125 g Puderzucker, 175 g Mehl, 1 Päckchen Vanillezucker, 1 Prise Salz, ½ l Milch, Öl oder Pflanzenfett, ggf. Zucker und Zimt

- Die Holunderblütendolden mit Stiel pflücken, ausschütteln, vorsichtig waschen und gut trocken tupfen.

- Trennen Sie die Eier und lassen Sie die Kinder das Eiweiß schlagen.

- Dann vermischen die Kinder das geschlagene Eiweiß mit dem Puderzucker und heben nach und nach das Mehl unter.

- Nun verrühren die Kinder das Eigelb mit Vanillezucker, Salz und Milch und geben es unter die Mehl-Eiweiß-Masse.

- Das Ausbacken übernehmen Sie: Erhitzen Sie reichlich Fett in einer Pfanne mit hohem Rand, tauchen Sie die Blütendolden am Stiel in den Teig und backen Sie sie schwimmend goldgelb aus.

- Anschließend auf Küchenkrepp abtropfen lassen, die Stiele abschneiden oder als „Griff" benutzen und ggf. noch mit Zucker und Zimt bestreuen.

Art der Aktivität:
Ernährung / Naturerfahrung

Bildungsbereiche:
Forschen und entdecken, Miteinander leben

Kompetenzbereiche:
Sachwissen vertiefen, Naturzusammenhänge erkennen, Gemeinschaft erleben

Kinder:
4–6

Schwierigkeitsgrad:
★ ☆ ☆ ☆ ☆ ☆

Aktivität:
je 60 Min.

Material zu „Holunderblüten-Pudding":
Gartenschere, Korb, Topf, Sieb, Schneebesen

Material zu „Holunderküchlein":
Gartenschere, Korb, 2 Schüsseln, Rührlöffel, Schneebesen, hohe Pfanne, Küchenkrepp

Moose, Pilze, Kräuter und Sträucher

Art der Aktivität:
Lied / Naturerkundung

Bildungsbereiche:
Sprache und Literacy,
Kreativität und Musik,
Forschen und entdecken

Kompetenzbereiche:
Wortschatz erweitern, musikalische Erfahrungen vertiefen, Text spielerisch umsetzen, Naturzusammenhänge erkennen

Kinder:
10 – 20

Schwierigkeitsgrad:
★ ☆ ☆ ☆ ☆

Aktivität:
5 – 15 Min.

Material:
Lied S. 79, Hagebutten

Hagebutten – Früchte am Waldesrand

Hagebutten kennen viele Kinder – vielleicht in Form von Marmelade oder Tee. Im Herbst entwickeln verschiedene Heckenrosenarten Hagebutten. Sie gehören zur Strauchschicht des Waldes und wachsen beispielsweise an Waldrändern oder auf sonnigen Waldlichtungen. Das Lied „Ein Männlein steht im Walde" von Heinrich Hoffmann von Fallersleben beschreibt dies als Rätsel. Setzen Sie das Lied ein, um die Naturerlebnisse der Kinder mit musikalischen Erfahrungen zu verbinden.

So geht's:

- Singen Sie die beiden Verse des Liedes vor und lassen Sie die Kinder raten, um wen es sich in dem Lied handelt. Finden sie es heraus?

- Zeigen Sie den Kindern nun Hagebutten und bitten Sie sie, diese genau zu betrachten.

- Singen Sie nochmals das Lied und besprechen Sie mit den Kindern, was das „purpurfarbene Mäntelein" (Frucht) und was das „schwarze Käppelein" (kleine Blätter über der Frucht) sein könnten.

- Zerschneiden Sie eine Frucht und lassen Sie die Kinder beschreiben, wie sie innen aussieht. Achtung: Die haarigen Nüsschen können schmerzhaft brennen und allergische Reaktionen auslösen.

- Unternehmen Sie dann mit den Kindern eine Exkursion und erforschen Sie, wo Hagebutten wachsen.

Tipps:

- Pflücken Sie mit den Kindern viele weiche Hagebutten und nutzen Sie sie als herbstlichen Raumschmuck. Die Kinder durchstechen die Hagebutten mit einer Nadel und reihen die Früchte auf einem festen Faden zu einer Kette auf.

- Getrocknete Hagebutten können die Kinder in eine leere Dose oder PET-Flasche füllen und diese als Rassel zur Begleitung des Liedes einsetzen.

Ein Männlein steht im Walde

Melodie: überliefert
Text: Heinrich Hoffmann von Fallersleben

1. Ein Männ-lein steht im Wal-de ganz still und stumm,
es hat von lau-ter Pur-pur ein Mänt-lein um.

Sagt, wer mag das Männ-lein sein, das da steht im Wald al-lein

mit dem pur-pur-ro-ten Män-te-lein?

2. Das Männlein steht im Walde auf einem Bein
und hat auf seinem Haupte schwarz Käpplein klein.
Sagt, wer mag das Männlein sein, das da steht im Wald allein
mit dem kleinen schwarzen Käppelein?

gesprochen:

Das Männlein dort auf einem Bein
mit seinem roten Mäntelein
und seinem schwarzen Käppelein
kann nur die Hagebutte sein.

Tipp:

Setzen Sie das Lied mit den Kindern auch in Bewegung um. Dazu bilden die Kinder einen Kreis. Ein Kind steht in der Kreismitte und stellt pantomimisch die Textinhalte dar. Die anderen Kinder gehen im Kreis herum und singen dazu das Lied. Beim gesprochenen Vers bleiben die Kinder stehen. Anschließend geht ein anderes Kind in die Kreismitte.

Moose, Pilze, Kräuter und Sträucher

Art der Aktivität:
Naturerkundung

Bildungsbereich:
Forschen und entdecken

Kompetenzbereiche:
Sachwissen vertiefen, Wortschatz erweitern, Naturzusammenhänge erkennen, Wahrnehmung weiterentwickeln

Kinder:
5–10

Schwierigkeitsgrad:
★ ★ ☆ ☆ ☆

Aktivität:
30–90 Min.

Material:
Pilzbestimmungsbuch, Messer, Korb, ggf. Kamera

Wo wachsen Pilze?

Im Spätsommer und Herbst haben die Kinder die Gelegenheit, weitere Lebewesen des Waldes kennenzulernen: Es sprießen die Pilze. Machen Sie sich mit den Kindern auf die Suche und entdecken Sie die faszinierende Welt der Pilze. Essbare Pilze sind von unserem Speiseplan nicht wegzudenken: Die Maronen-Röhrlinge etwa wachsen bevorzugt im Nadelwald und sind sehr weit verbreitet. Doch wer Pfifferlinge oder Steinpilze finden will, braucht schon etwas Glück.

Vorbereitung:

Sprechen Sie im Vorfeld mit einem Pilzsachverständigen, z. B. von der Pilzzentrale vor Ort, und bitten Sie ihn, Sie bei der Exkursion zu begleiten.

So geht's:

- Besprechen Sie vor der Exkursion mit den Kindern unbedingt die folgenden Regeln:
  - Die Kinder dürfen nur unter Anleitung Pilze anfassen oder Pilze abschneiden.
  - Niemand darf rohe Pilze probieren!
  - Wenn ein Pilz geerntet werden soll, um ihn z. B. genauer zu untersuchen, darf man ihn nur mit dem Messer abschneiden und nicht ausreißen.
  - Finden die Kinder mithilfe des Pilzkundigen essbare Pilze, werden sie nur geerntet, wenn sie später auch zubereitet werden.
- Im Wald suchen die Kinder dann Pilze in einem abgegrenzten Waldstück und erhalten dazu Forscheraufträge von Ihnen, z. B.:
  - Wo wachsen überall Pilze?
  - Wie unterscheiden sie sich voneinander?
  - Welche könnten giftig sein, welche ungiftig? Woran machen die Kinder ihre Vermutung fest?
  - Stehen die Pilze allein oder in Gruppen?
- Nach einem ersten Erkundungsgang kommen alle Kinder wieder zusammen. Wer hat Pilze entdeckt? Nachdem die Kinder berichtet haben, suchen alle gemeinsam die Fundorte auf.
- Dokumentieren Sie die Funde ggf. mit einer Kamera. Schneiden Sie je einen Pilz ab und betrachten Sie ihn gemeinsam genauer: Aus welchen Teilen besteht er? Welche Farbe hat er? Hat er einen Stiel und eine Kappe, Lamellen oder Röhren?
- Mithilfe eines Pilzsachverständigen oder eines Pilzbestimmungsbuchs erfahren die Kinder mehr über die Namen und die Giftigkeit bzw. Essbarkeit.

Wie wachsen Pilze?

Wenn wir von Pilzen sprechen, haben wir dabei meist nur den sichtbaren Fruchtkörper mit typischem Pilzhut und Stiel vor Augen. Doch der eigentliche Pilz befindet sich im Boden. Er besteht aus einem feinen Geflecht, dem sogenannten Myzel. Es wird von unzähligen mikroskopisch feinen Pilzfäden gebildet und kann eine Größe von über einem Quadratkilometer erreichen. Mit dem folgenden Spiel veranschaulichen Sie den Kindern, dass Pilzgeflechte unter der Erde wachsen und daraus die „Pilze", wie wir sie alle kennen, hervorkommen.

So geht's:

- Die Kinder sitzen auf dem Boden in einem Kreis. Halten Sie den Fadenanfang fest, rollen Sie das Wollknäuel zu einem Kind und nennen Sie dabei dessen Namen.

- Das Kind nimmt das Wollknäuel in Empfang, hält ebenfalls den Faden fest und rollt das Knäuel weiter. Dabei nennt es den Namen des Kindes, zu dem es das Knäuel rollt. Auf diese Weise wird das Spiel fortgeführt, bis jedes Kind mindestens einmal das Wollknäuel erhalten hat. So entsteht nach und nach ein Fadengeflecht auf dem Boden.

- Nehmen Sie dieses Fadengeflecht als Ausgangslage für Ihre weitere Erklärung: Erzählen Sie, dass es bei den Pilzen unter der Erde ähnlich aussieht.

- Dann legen Sie ein braunes Tuch als Erde auf das Pilzgeflecht. Erzählen Sie, dass z. B. bei feuchtem Wetter die Pilze aus dem Geflecht wachsen. Schneiden Sie dazu Löcher in das Tuch und stecken Sie die Pilze durch. Werden die Pilze abgeschnitten, ist das Pilzgeflecht noch in der Erde und es können nach einiger Zeit wieder neue Pilze nachwachsen.

Tipps:

- Pilzgeflechte wachsen gleich schnell in alle Richtungen. Wenn das Myzel in der Mitte abstirbt, wachsen deshalb manche Pilzarten in einem Kreis. Diese sogenannten Hexen- oder Feenringe können sehr groß werden. Entdecken die Kinder solche Pilzringe?

- Pilze können die Kinder auch selbst züchten. Viele Pilzzüchter bieten über das Internet Fertigkulturen von Speisepilzen für draußen oder für das Haus an. Damit erzielen auch Pilzzuchtneulinge bzw. Kinder Wachstumserfolge – eine faszinierende Möglichkeit, ein Stück Natur zu begreifen.

Art der Aktivität:
Spiel

Bildungsbereich:
Forschen und entdecken

Kompetenzbereiche:
Naturzusammenhänge erkennen, Sachwissen vertiefen, Wortschatz erweitern, Gemeinschaft erleben

Kinder:
8 – 12

Schwierigkeitsgrad:
★ ★ ★ ☆ ☆ ☆

Aktivität:
10 – 20 Min.

Material:
fest gewickeltes Wollknäuel, braunes Tuch, Schere, Pilze (z. B. aus Holz)

Moose, Pilze, Kräuter und Sträucher

Art der Aktivität:
Fantasieren / Naturerkundung

Bildungsbereiche:
Forschen und entdecken,
Sprache und Literacy

Kompetenzbereiche:
Sachwissen vertiefen, Zusammenhänge erkennen, Wahrnehmung weiterentwickeln,
Wortschatz erweitern, Sprachkompetenz ausbauen

Kinder:
5–10

Schwierigkeitsgrad:
★★☆☆☆

Aktivität:
30–90 Min.

Material:
Pilzbestimmungsbuch, Papier,
Stift

Fliegenpilze

Der Fliegenpilz zählt zu den beliebtesten Glückssymbolen unserer Kultur. Er ist auf vielen Glückwunschkarten zu sehen und die Kinder kennen ihn bestimmt aus Bilderbüchern. Er ist schwach giftig und erscheint je nach Region von Juni bis Oktober. Dieser besondere Pilz ist nicht nur ein interessanter Vertreter innerhalb der Spezies Pilz, er regt die Kinder auch an, ihrer Fantasie freien Lauf zu lassen und der geheimnisvollen Welt der Pilze fantastische Aspekte beizumengen.

So geht's:

- Suchen Sie mit den Kindern nach Fliegenpilzen und betrachten Sie die gefundenen Exemplare genauer.

- Können sich die Kinder vorstellen, wie der Pilz zu seinem Namen kam? Kann der Pilz fliegen? Kann derjenige, der den Pilz isst, fliegen? Mögen Fliegen den Pilz gerne fressen? Regen Sie die Kinder zum Fantasieren an und notieren Sie ihre Ideen.

- Bitten Sie die Kinder, sich eine Geschichte auszudenken, in der ein Fliegenpilz vorkommt. Beginnen Sie mit dem ersten Satz. Wer mag, erzählt weiter. Moderieren Sie den Prozess und greifen Sie die Ideen der Kinder auf, um die anderen zum Weitererzählen zu ermuntern.

- Erzählen Sie anschließend, dass der Fliegenpilz der bekannteste Giftpilz ist. Unter der Haut des Pilzhutes befindet sich der giftige Stoff. Früher wurden in gesüßter Milch eingelegte Pilze als Fliegengift verwendet. Erst später fanden Wissenschaftler heraus, dass das Gift die Fliegen lediglich betäubt, nicht aber tötet. Daher kommt die Vermutung, dass sein Name aus der Zeit stammt, als er als Fliegenfalle genutzt wurde.

Variante:

Stinkmorcheln sind allein aufgrund ihres nach Verwesung riechenden Gestanks eine Besonderheit und deshalb zwischen Juni und Oktober auch leicht im Wald auffindbar. Dieser Pilz wächst aus einer Knolle, dem sogenannten Hexenei, heraus und wird ca. 20 Zentimeter groß. Der graue Hut des Hexeneis wird dabei olivgrün und schleimig. Er strömt dann einen starken Aasgeruch aus und lockt Fliegen, Aaskäfer und andere Insekten an. Sie fressen den dunklen Schleim und die darin enthaltenen Sporen auf. Mutmaßen Sie mit den Kindern, wie der Pilz wohl zu seinem Namen kam, und regen Sie sie auch bei diesem Pilz an, sich Geschichten dazu auszudenken.

Moose, Pilze, Kräuter und Sträucher

Pilze kneten

Geben Sie den Kindern die Gelegenheit, ihre Erlebnisse mit der Welt der Pilze gestalterisch zu vertiefen. Knete eignet sich dafür besonders gut. Pilze damit herzustellen ist kinderleicht und setzt der Fantasie keine Grenzen.

Zutaten für die Knetmasse je Farbe: ½ l warmes Wasser, 3 EL Öl, Lebensmittelfarbe, ca. 500 g Mehl, 200 g Salz, 2 TL Weinsteinsäure

Vorbereitung:

Stellen Sie mit den Kindern selbst Knetmasse her: Die Kinder mischen dazu Wasser mit Öl und einer Lebensmittelfarbe. Anschließend geben sie Mehl, Salz sowie die Weinsteinsäure in die Flüssigkeit und vermengen alles gut miteinander. Bewahren Sie die Knete in einer verschlossenen Plastikdose im Kühlschrank auf.

So geht's:

- Hängen Sie im Gruppenraum Bilder von Pilzen auf.

- Tauschen Sie sich mit den Kindern über ihr bisheriges Pilzwissen aus. Erzählen Sie ihnen, dass manche Pilze lustige Namen wie Stinkmorchel, Holzritterling, Papageiensaftling oder Hexenröhrling haben. Finden Sie gemeinsam weitere lustige Pilznamen heraus und mutmaßen Sie, warum die Pilze so heißen.

- Anschließend gestalten die Kinder einen Pilz. Stellen Sie den Kindern frei, ob sie

  - eine möglichst genaue Darstellung von einem Fliegenpilz formen wollen,

  - einen Pilz aus einem Bestimmungsbuch aussuchen und probieren wollen, ihn aus Knete darzustellen,

  - einen Fantasiepilz entwickeln wollen, dem sie einen originellen Namen geben.

- Dabei entstehen mit großer Wahrscheinlichkeit sehr viele unterschiedliche Kreationen dreidimensionaler oder flacher, bunter oder einfarbiger Pilze.

- Stellen Sie die gekneteten Pilze zu einer Ausstellung zusammen und versehen Sie die Werke mit Titeln und Namen der Künstler.

Art der Aktivität:
Gestalten

Bildungsbereich:
Kreativität und Musik

Kompetenzbereiche:
Feinmotorik weiterentwickeln, Fantasie und Kreativität entfalten, Gestaltungstechnik kennenlernen

Kinder:
4–6

Schwierigkeitsgrad:
★★☆☆☆

Aktivität:
5–15 Min.

Material:
Messbecher, Teelöffel, Plastikmesser, Zahnstocher, Bilder von Pilzen, Pilzbestimmungsbuch

Moose, Pilze, Kräuter und Sträucher

Art der Aktivität:
Lied / Naturerfahrung

Bildungsbereiche:
Kreativität und Musik,
Sprache und Literacy

Kompetenzbereiche:
Musikalität und Rhythmus-
gefühl weiterentwickeln, Wortschatz erweitern, Text in
Bewegung umsetzen, Natur-
zusammenhänge erkennen,
Werte entwickeln

Kinder:
10 – 20

Schwierigkeitsgrad:
★ ★ ☆ ☆ ☆

Aktivität:
5 – 15 Min.

Material:
Lied S. 85

Ich ging im Walde so für mich hin (1)

Nehmen Sie den Liedtext von Johann Wolfgang von Goethe zum Anlass,
sich mit den Kindern über das achtlose Abpflücken von Blumen auseinanderzusetzen und einen bewussten und behutsamen Umgang mit Pflanzen
anzustreben. Da der Text eine gewisse sprachliche Herausforderung für
die Kinder darstellt, bietet es sich an, das Lied auch mit Bewegungen
zu begleiten.

So geht's:

- Singen Sie den Kindern das Lied vor und sprechen Sie anschließend über
  den Text. Erarbeiten Sie dabei mögliche unbekannte Wendungen wie
  „Blumen brechen" oder „nun zweigt es immer".

- Singen Sie das Lied noch einmal vor und stellen Sie dann Fragen mit dem
  Ziel, eine Verbindung zwischen den im Text beschriebenen und den Erlebnissen der Kinder zu schaffen, z. B.: Hast du schon einmal Blumen
  gepflückt? Was hast du dann damit gemacht? Wie lange hat es gedauert,
  bis sie welk wurden? Hast du auch schon einmal eine Blume mit ihren
  Wurzeln ausgegraben und sie später wieder in Erde gesetzt? Was konn-
  test du beobachten?

- Dann üben Sie mit den Kindern das Lied ein, indem Sie die Kinder z. B.
  den Rhythmus mitklatschen lassen und es wiederholt singen, bis alle
  Kinder einstimmen.

- Wenn die Kinder einigermaßen sicher sind, bieten Sie an, das Lied mit
  Bewegungen zu begleiten. Die Kinder entwickeln dazu Umsetzungsideen.
  Ein Kind spielt z. B. den Akteur des Liedes, ein anderes das Blümlein. Die
  Textstelle, an der das Blümlein spricht, singt das entsprechende Kind
  allein, die übrigen Verse singen alle gemeinsam, um den Hauptakteur bei
  seiner pantomimischen Darstellung zu unterstützen.

Tipps:

- Nehmen Sie das Lied und die erarbeiteten Inhalte als Einstieg für einen
  Ausflug in den Wald. Entdecken die Kinder im Frühjahr oder Sommer
  auch eine kleine Blume im Schatten? Graben Sie diese gemeinsam aus
  und pflanzen Sie sie im Außengelände des Kindergartens wieder ein.
  Beobachten Sie mit den Kindern, wie sich die Pflanze dort weiterent-
  wickelt. Pflücken Sie zeitgleich eine andere Blume, die Sie nicht einpflanzen, und beobachten Sie mit den Kindern, wie sie sich im Vergleich zur
  eingepflanzten Blume verändert.

- Entdecken Sie bei weiteren Exkursionen in den Wald Keimlinge, graben
  die Kinder sie vorsichtig aus und pflanzen sie im Außengelände des
  Kindergartens an verschiedenen Orten wieder ein. Gedeihen alle Pflanzen gleich gut? Welchen Pflanzen bekommt der Umzug nicht?

Moose, Pilze, Kräuter und Sträucher

Ich ging im Walde so für mich hin (2)

Melodie: Heinrich Lang
Text: Johann Wolfgang von Goethe

2. Im Schatten sah ich ein Blümchen steh'n,
   |: wie Sterne leuchtend, wie Äuglein schön. :|

3. Ich wollt es brechen, da sagt es fein:
   |: „Soll ich zum Welken gebrochen sein?" :|

4. Ich grub's mit allen den Würzlein aus,
   |: zum Garten trug ich's am hübschen Haus. :|

5. Und pflanzt es wieder am stillen Ort;
   |: nun zweigt es immer und blüht so fort. :|

Tiere im Wald

Zum Thema

Wenn wir an Tiere im Wald denken, fällt uns vielleicht zuerst das Eichhörnchen ein. Es ist eines der wenigen Tiere, die leicht zu beobachten sind. Doch die meisten der etwa 7000 weiteren Tierarten, die in einem Mischwald zu Hause sind, werden viele von uns im Laufe ihres Lebens wohl nie zu Gesicht bekommen. Die größte Tiergruppe stellen die Insekten mit etwa 5000 Arten, gefolgt von Würmern, Spinnen und Schnecken. Wirbeltiere machen indes nur etwa 100 Arten aus.

Relativ häufig begegnen uns Rehe – und wenn wir Glück haben, Rothirsche, Wildschweine und vielleicht sogar ein Fuchs. Doch auf andere Säugetiere wie den Baummarder oder gar die seltene Haselmaus werden wir nur in Ausnahmefällen treffen. Denn der Wald ist Rückzugsort für sehr viele scheue Tierarten und demzufolge werden Kinder im Wald am ehesten deren Spuren und Hinterlassenschaften entdecken können. Auch die Frage, wie und wo die Tiere im Wald wohnen, kann zu einem spannenden Erkundungsgang führen und den Kindern das geheime Leben der Tiere aufzeigen. Noch mehr Spannung und Abenteuer verspricht eine Exkursion in den Wald bei Anbruch der Dunkelheit. Wenn Sie dies z. B. im Rahmen einer Übernachtung der Vorschulkinder im Kindergarten möglich machen, werden nicht nur die Kinder über die vielen Tierstimmen staunen, die es bei dieser Gelegenheit zu hören gibt.

Die Vogelwelt im Wald lässt sich relativ gut beobachten. Mit Kindern wird vor allem die akustische Seite der Vogelbeobachtung erfolgreich sein: Den Ruf des Kuckucks, den Schrei des Eichelhähers oder das Klopfen eines Spechts können alle erlauschen, und ein Vogelkonzert an einem schönen Sommertag im Wald wird für alle ein Naturerlebnis der besonderen Art sein.

Gehen Sie mit den Kindern auf Entdeckungsreise und lassen Sie sich vom Wald und seinen Bewohnern zu Forscherspielen oder Erkundungsgängen inspirieren. So ermöglichen Sie den Kindern, das Zusammenspiel der Natur selbst zu erleben.

Aktivgeschichte

Philipp, der in einer großen Stadt wohnt, besucht mit seinen Eltern seine Cousine Anna auf dem Land. Philipp und Anna sind beide sechs Jahre alt und kommen bald in die Schule.

Annas Papa hat gerade eine starke Erkältung. Trotzdem geht er nach dem Abendessen noch in den Wald, um nach den Tieren zu sehen. Philipp ist überrascht, als er hört, dass es hier im Wald auch größere Tiere wie Füchse, Rehe oder Wildschweine gibt, denn das kann er sich überhaupt nicht vorstellen. Er ist sich sicher, dass Anna ihm Lügengeschichten erzählt.

Als Annas Papa kurze Zeit später wieder zurückkommt, stellt er fest, dass er seinen Feldstecher im Wald auf dem Hochsitz vergessen hat. Da er aufgrund seiner Erkältung schon sehr müde und geschwächt ist, schlägt Anna vor, zusammen mit Philipp den Feldstecher im Wald zu holen, bevor es dunkel ist.

Gemeinsam machen sich die beiden Kinder auf den Weg. Wegen der vielen unbekannten Geräusche im Wald ist es Philipp mulmig zumute. Er kann kein einziges Tier entdecken und ist sich immer noch sicher, dass Anna ihn angeschwindelt hat. Der Weg führt quer durch den Wald und ist sehr mühsam. Kurz bevor die Kinder den Hochsitz erreichen, stolpert Philipp über eine Wurzel. Sein Fuß tut so weh, dass er nicht mehr auftreten kann. Anna schlägt vor, dass Philipp auf den Hochsitz klettern und dort warten soll, während sie nach Hause läuft und Hilfe holt.

Philipp ist jetzt ganz allein im Wald. Mühsam klettert er auf den Hochsitz und setzt sich erschöpft auf die Holzbank. Er entdeckt das Fernglas seines Onkels und hängt es sich um den Hals. Philipps Herz klopft wie verrückt vor Angst. Er hofft, dass bald Hilfe kommt.

Plötzlich hört Philipp ein leises Rascheln. Mit dem Feldstecher entdeckt er zuerst ein paar Füchse und dann ein Reh. Schließlich rennt noch eine Horde Wildschweine vorbei. Philipp kann es kaum glauben, dass Anna ihm doch keine Lügengeschichten erzählt hat.

Inzwischen ist es im Wald stockdunkel geworden. Dann hört Philipp wieder ein Geräusch und sieht auch noch Lichtstrahlen. Doch diesmal sind es sein Papa, seine Mama, Anna und ihre Mutter. Papa nimmt Philipp mit seinem verstauchten Fuß Huckepack und gemeinsam machen sie sich auf den Heimweg.

Als Philipp begeistert erzählt, was er alles für Tiere gesehen hat, können seine Eltern das gar nicht glauben und meinen, dass er flunkert. Doch Philipp und Anna antworten gleichzeitig: „Nein, wirklich wahr!"

Praxisseiten

Als Einstieg in das Thema dienen Tiersteckbriefe in Rätselform (S. 92/93), die die Kennzeichen einiger typischer Waldsäugetiere zum Inhalt haben. Sie laden die Kinder ein, sich näher mit dem Thema Waldtiere zu befassen und herauszufinden, wo und wie die Tiere leben. Dem schließen sich Erkundungsgänge an (S. 94/95), bei denen die Kinder versuchen, das geheime Leben der Waldtiere anhand ihrer vielfältigen Spuren zu entdecken.

Mit der spielerischen Verarbeitung des Themas befassen sich die Aktivitäten der Seiten 96 und 97. Die Kinder haben dabei die Gelegenheit, sich in die Welt verschiedener Waldtiere hineinzuversetzen und dabei ihr Sachwissen in Aktion umzusetzen. Sie erfahren beispielsweise, wie weit manche Tiere springen können, und setzen dies in Relation zu ihren eigenen Weitsprungkünsten.

Ein Gedicht (S. 98) beschreibt eine Tiergemeinschaft in einer Buche und regt die Kinder dazu an, den Text auch in Bewegung umzusetzen. Der gestalterischen und musikalischen Seite des Themas widmen sich die Aktivitäten auf den Seiten 99 bis 101. Die Kinder legen Tiere aus Naturmaterialien und schlüpfen beim Singen in die Rolle von zwei kleinen Wölfen im Dunkeln. Ein Wahrnehmungs- und zwei Bewegungsspiele (S. 102/103) laden schließlich zur weiteren spielerischen Umsetzung von Wissensinhalten ein.

Den Abschluss des Kapitels bildet die Welt der Waldvögel. Bei mehreren Naturerkundungen und Bewegungsspielen (S. 104/105) setzen sich die Kinder mit dem Eichelhäher, Greifvögeln und dem Specht auseinander. Dabei erweitern sie nicht nur ihr Sachwissen, sonder üben sich ebenso in Reaktionsschnelligkeit und Rhythmusgefühl.

Tiere im Wald

Aktivgeschichte: Annas Lügengeschichten

*mit imaginärem Lenkrad
Auto fahren*

Philipp wohnt in einer großen Stadt. Hohe Häuser stehen dicht an dicht.
Tag und Nacht **brausen Autos** oder Lastwagen durch die Straßen.

Anna wohnt in einem kleinen Dorf. Dort gibt es kleinere Häuser mit großen Gärten.

*mit imaginärem Lenkrad
Auto fahren*

Nur hin und wieder **fahren Autos** oder tuckern Traktoren

durch die Straßen.
Philipps Eltern haben ein paar Tage frei. Deshalb wollen sie Tante Birgit besuchen. Sie ist Papas Schwester und Annas Mama.

*mit imaginärem Lenkrad
Auto fahren*

Drei Stunden müssen sie mit dem **Auto fahren**, bis sie endlich

in dem Dorf sind, wo Anna wohnt.

Es liegt direkt am Wald. Dort riecht es nach Wiesen, Erde, Holz und Kuhmist.
„Herrlich, diese Landluft!", freut sich Mama.

sich die Nase zuhalten

Philipp findet, der Kuhmist **stinkt**.
Anna wohnt gern in ihrem Dorf.

Annas Papa hat eine starke Erkältung.

„Hatschi" sagen

Ständig muss er **niesen**.
Trotzdem macht er sich nach dem Abendessen auf den Weg in den Wald. Er ist nämlich Jäger.
„Er schaut nach den Tieren, ob alles in Ordnung ist", erklärt Anna.
Philipp überlegt, welche Tiere er daheim im Stadtpark gesehen

mit beiden Armen flattern

hat, und fragt: „Schaut er nach **Vögeln** und Eichhörnchen?"

Anna lacht. „Nach denen manchmal auch. Aber vor allem nach den größeren Tieren. Bei uns laufen oft Füchse durch den Wald."
Philipp macht ein ungläubiges Gesicht. Anna erzählt ihm garantiert eine Lügengeschichte. Füchse gibt's doch nur im Zoo.
Deshalb **schüttelt er den Kopf**   *den Kopf schütteln*
und sagt: **„Das ist gelogen!"**   *mitsprechen*
„Nein, wirklich wahr", behauptet Anna. „Manchmal schnuppern   *mitsprechen*
und fressen auch Rehe ganz in Papas Nähe."
Rehe hat Philipp bisher nur im Fernsehen gesehen. Die sieht man nicht einfach so.
Er **schüttelt den Kopf**   *den Kopf schütteln*
und sagt: **„Das ist gelogen!"**   *mitsprechen*
„Nein, wirklich wahr", behauptet Anna. „Oder es donnert eine   *mitsprechen*
ganze Horde Wildschweine vorbei."
So ein Quatsch! Wildschweine laufen doch nicht frei im Wald rum.
Philipp **schüttelt den Kopf**   *den Kopf schütteln*
und sagt: **„Das ist gelogen."**   *mitsprechen*
„Nein, wirklich wahr", behauptet Anna.   *mitsprechen*

„Hatschi!", hallt es durch das ganze Haus.   *„Hatschi" sagen*
Anna wundert sich. „Hallo, Papa, was machst du denn schon wieder hier?"
„Ich muss mich ins Bett legen", schnieft ihr Papa. „Wahrscheinlich habe ich Fieber."
Er zieht seine Stiefel und die Jacke aus, dann **sucht** er etwas.   *suchend um sich blicken*
„Oje", stöhnt er. „Ich habe meinen Feldstecher auf dem Hochsitz
vergessen. **Hatschi!** Er war so teuer. Hoffentlich nimmt ihn niemand   *„Hatschi" sagen*
mit. Und noch mal in den Wald … Mir tun die Beine so weh. Ich kann kaum noch laufen."
„Ich kann den Feldstecher ja schnell holen, zusammen mit Philipp", schlägt Anna vor. Den Weg kennt sie beinahe im Schlaf.
„Dann aber Beeilung, es wird bald dunkel", mahnt ihr Papa.

Wenige Minuten später sind Anna und Philipp im Wald. Dort ist es jetzt schon ziemlich dunkel, weil die Bäume so dicht stehen und kaum noch Licht durchlassen.
Dazu die vielen merkwürdigen **Geräusche** – Philipp ist ein bisschen mulmig zumute. Vielleicht geht es ihm besser, wenn er redet.   *mit einer Hand am Ohr horchen*
„Was will dein Vater eigentlich im Feld stechen?", fragt er.
Anna lacht. „Der Feldstecher ist ein großes **Fernglas**.   *Daumen und Zeigefinger beider Hände vor den Augen zu einem Fernglas formen*

Damit beobachtet Papa die Tiere."
Philipp schaut sich um. Er kann kein einziges Tier sehen.
Er hört nur **Vögel zwitschern**.   *mit beiden Armen flattern und zu pfeifen versuchen*

Tiere im Wald

über einen imaginären Baum-stamm klettern

Er hat doch gewusst, dass Anna Lügengeschichten erzählt!
Der Weg führt quer durch den Wald und ist ziemlich mühsam.
Einmal steigt Philipp in den Matsch und dann müssen die beiden
über einen großen Baumstamm klettern, der im Weg liegt.

„Wir sind gleich da", sagt Anna. „Da vorn ist der Hochsitz."
Philipp sieht eine Leiter und oben eine kleine Holzhütte.
Mit Blick nach oben geht er weiter.

mit Blick nach oben auf der Stelle gehen
sich auf den Boden fallen lassen
„Auaaa!" schreien

Platsch!, landet er auf dem Boden.

„Auaaa!", schreit er. „Mein Fuß!" Er ist über eine dicke Wurzel
gestolpert.
„Komm, ich helf dir hoch." Anna hält ihrem Cousin die Hand hin.
„Wir müssen uns beeilen, bald ist es ganz dunkel."
Mühsam steht Philipp auf. Der Fuß tut schrecklich weh.
„Ich kann nicht auftreten", stöhnt er. Wie kommt er wieder zurück?
Er kann doch nicht den ganzen Weg **auf einem Bein hüpfen**.
„Ich renne schnell heim und hol Hilfe", sagt Anna. „Du bleibst hier.
Vielleicht kannst du auf den Hochsitz klettern und da warten."
Wie der Blitz **saust** sie los.

auf einem Bein hüpfen

auf der Stelle rennen

Jetzt ist Philipp ganz allein im Wald.
Auf einem Bein hüpft er zum Jägerstand.
Es wird immer dunkler. Außerdem sieht er nicht so gut, weil seine
Augen voll Tränen sind.
Er **wischt die Tränen mit der Hand weg**.

auf einem Bein hüpfen

sich mit der Hand über das Gesicht wischen

Endlich ist er bei der Leiter.
Sprosse für Sprosse **klettert** er langsam **hinauf**.

eine imaginäre Leiter hochklettern

Ganz schön schwierig mit dem verletzten Fuß.
Endlich, geschafft! In der Hütte ist eine kleine Holzbank.
Erschöpft lässt Philipp sich darauf **plumpsen**.
Neben ihm liegt das riesige Fernglas seines Onkels. Er hängt es
sich um den Hals.
Das Licht im Wald wird immer weniger, die **Geräusche** dafür

auf Stuhl plumpsen

mit einer Hand am Ohr horchen

immer mehr.

Philipps Herz klopft wie verrückt.
Mucksmäuschenstill sitzt er da und hofft, dass bald Hilfe kommt.
Plötzlich hört er ein leises Rascheln. Philipp wagt kaum zu atmen.
Vorsichtig steht er auf und hält den **Feldstecher an die Augen**.
Er muss genauer lauschen, woher das **Geräusch** kommt.

Finger zu Fernglas formen
mit einer Hand am Ohr horchen

Dann sieht er sie: Drei Füchse mit rotbraunem Fell huschen vorbei. Kurz darauf sind sie zwischen den Bäumen verschwunden.
Philipp kann es gar nicht glauben: Hier gibt es echte Füchse!
Anna hat kein Märchen erzählt.
Nicht gelogen, wirklich wahr!

mitsprechen

Im Wald ist es schon so dunkel, dass man kaum noch etwas erkennen kann. Philipp wagt fast nicht, sich zu bewegen.
Nur den Kopf mit dem **Fernglas** dreht er hin und her.

Finger zu Fernglas formen

Wo kommt denn das auf einmal her? Das gibt's doch gar nicht!
Direkt unter dem Hochsitz steht ein Reh, schaut sich um und zupft Blätter von einem jungen Baum.
Es gibt tatsächlich echte, lebendige Rehe hier!
Nicht gelogen, wirklich wahr!

mitsprechen

Aus Versehen tritt Philipp mit seinem verletzten Fuß auf.
„Autsch!", stöhnt er leise.
Wusch! Wie der Wind saust das Reh davon.
Philipp hält sich wieder den **Feldstecher an die Augen**
und schaut sich um.

Finger zu Fernglas formen

Auf einmal donnert etwas laut durch die Bäume.
Der Hochsitz fängt richtig an zu **zittern**.

zittern

Und Philipp auch. Was ist das?
Da rennen sie auch schon vorbei, mit polterndem Galopp: Eine ganze Herde schwarzer Wildschweine! Eines bleibt grunzend stehen. Hoffentlich hat es ihn nicht entdeckt! Das Tier ist ja riesig!
Zum Glück rennt es endlich mit den anderen weiter.
Es gibt hier wirklich Wildschweine!
Nicht gelogen, wirklich wahr!

mitsprechen

Inzwischen ist es stockdunkel im Wald. Philipp hat schreckliche Angst. Außerdem ist ihm **kalt**.

Arme verschränken, zittern

Schon wieder hört er ein Knacken. Und was ist das für ein komisches Licht, das durch die Blätter blitzt?
„Philipp!", hört er seinen Papa rufen.
„Papa!", ruft Philipp.
Langsam **klettert** er die **Leiter hinunter**.

eine imaginäre Leiter hinunterklettern

Endlich sind sie da: Mama, Papa, Anna und Tante Birgit.
„Der Fuß ist verstaucht", sagt Papa und nimmt Philipp Huckepack.
Anna leuchtet auf dem Rückweg mit der Taschenlampe.
Begeistert erzählt Philipp, was er alles für Tiere gesehen hat.
Mama und Papa **schütteln den Kopf** und sagen:

den Kopf schütteln

„Das ist gelogen!"

mitsprechen

Da antworten Philipp und Anna gleichzeitig: **„Nein, wirklich wahr!"**

mitsprechen

Tiere im Wald

Art der Aktivität:
Ratespiel

Bildungsbereiche:
Sprache und Literacy,
Forschen und entdecken

Kompetenzbereiche:
Sachwissen vertiefen, Wortschatz erweitern, Sprech-
freude entwickeln, Gemeinschaft erleben

Kinder:
8 – 16

Schwierigkeitsgrad:
★ ★ ★ ☆ ☆ ☆

Aktivität:
5 – 15 Min.

Material:
–

Tiersteckbriefe (1)

Der Wald ist Lebensraum für sehr viele, sehr unterschiedliche Tiere. Die meisten bleiben für uns Menschen unsichtbar – weil sie so klein und unscheinbar sind wie die Spinnen und Insekten, weil sie meist nachts aktiv sind wie der Marder und der Fuchs oder weil sie so scheu sind, dass sie uns schon von Weitem kommen hören und rechtzeitig davonlaufen. Als Einstieg in das Thema Waldtiere stellt das folgende Spiel den Kindern einige typische Waldtiere mit ihren Erkennungsmerkmalen vor und lädt die Kinder ein, herauszufinden, um wen es sich wohl handelt.

So geht's:

- Sprechen Sie mit den Kindern zunächst ab, ob sie die Lösung gleich in die Runde rufen dürfen, sobald sie ein Tier erkannt haben, oder ob alle gemeinsam die Lösung rufen, wenn Sie am Ende den Satz „Wer bin ich?" vorgelesen haben.

- Lesen Sie den Kindern die Rätsel vor.

Dachs

Ich bin ein Raubtier und gehöre zur Familie der Marder. Da ich sehr scheu bin, entdecken mich die Menschen fast nie. Ich sehe aus, als würde ich eine schwarz-weiße Maske tragen. Meine Ohren sind ziemlich klein und haben einen weißen Rand. Ich bin etwa so lang wie ein Fuchs, allerdings wirke ich viel größer, da ich sehr pummelig bin. Ich wohne in einem Bau unter der Erde und fresse sehr gerne Regenwürmer, aber ich sage auch zu Insekten und Wühlmäusen nicht nein. Und wenn es Obst und Beeren zu naschen gibt, dann bin ich ebenfalls dabei. Wer bin ich?

(Rot-)Hirsch

Ich werde der „König der Wälder" genannt, da ich sehr majestätisch aussehe. Ich bin ein Stirnwaffenträger. Diese Bezeichnung habe ich meinem Kopfschmuck zu verdanken. Je älter ich werde, desto mächtiger wird meine Krone. Mein Haarkleid hat im Sommer die Farbe einer Haselnuss. Fast keine Pflanze ist vor mir sicher: Ich fresse liebend gern Gras und Kräuter, schäle sogar Baumrinde ab oder knabbere Eicheln und Bucheckern. Wenn auf einem Feld Rüben und Kartoffeln reif sind, dann grabe ich die schon mal aus und vernasche sie. Wer bin ich?

Tiersteckbriefe (2)

Eichhörnchen

Ich bin ein kleines Tier und kann prima klettern. Mein Fell ist rot, am Bauch und an meiner Brust ist es weiß. Ich habe einen buschigen Schwanz, der fast so lang ist wie mein Körper. Im Winter kuschle ich mich in meinem Kobel darin ein. Ich liebe Nüsse und Beeren und fresse auch Baumrinde oder Knospen. Pilze, Vogeleier und ab und zu eine Schnecke stehen auch auf meinem Speiseplan. Im Herbst verstecke ich ganz viele Nüsse und andere Samen als Wintervorrat. Natürlich finde ich nicht alle Leckereien wieder. Wer bin ich?

Fuchs

Ich bin ein Raubtier und bin mit dem Hund und dem Wolf verwandt. Meine Beine sind sehr kurz und ich habe einen langen Körper. Typisch ist mein dicker, buschiger und sehr langer Schwanz. Wenn ich mich zum Schlafen hinlege, ist er mein Kopfkissen. Mein Fell ist rotbraun und meine Brust, mein Bauch und meine Schwanzspitze sind weiß. Meine Ohren habe ich hoch aufgerichtet, damit ich alles gut hören kann. Ich habe eine lange spitze Schnauze und eine schwarze Nase, mit der ich so gut riechen kann, dass ich in der Nacht auch noch die kleinste Maus finde. Denn Mäuse fresse ich wirklich gerne. Aber eigentlich fresse ich alles, was mir vor die Schnauze kommt. Ich liebe Weintrauben und anderes Obst – aber es muss schon süß sein. Und wenn ich an einem Abfalleimer vorbeikomme, dann lasse ich mich auch nicht zweimal bitten. Man sagt, dass ich sehr schlau bin. In Geschichten nennt man mich auch Reineke. Wer bin ich?

Wildschwein

Ich bin ein großes Tier und ich lebe mit meiner Familie zusammen. Die Menschen sehen mich aber selten, da ich mich gut im Unterholz verstecke. Ich habe einen keilförmigen Kopf. Meine Schnauze ist stumpf und endet in einem Rüssel. Meine Augen und Ohren sind eher klein und der Kopf geht fast ohne Hals in einen massigen Körper über. Ich habe ein braunschwarzes Borstenfell. Die Männchen in meiner Familie werden Keiler genannt, die Weibchen Bachen. Die Keiler sind gut an ihren Eckzähnen erkennbar, da ihre Eckzähne aus dem Maul ragen. Wenn ich mir mein Fressen suche, durchwühle ich mit meiner Schnauze den Boden nach Wurzeln, Würmern und Engerlingen. Eicheln fresse ich besonders gern. Aber wenn ich einen Kartoffelacker entdecke, dann gibt es kein Halten mehr: Ich bin ein richtiger Feinschmecker und kann sogar verschiedene Kartoffelsorten voneinander unterscheiden. Frühkartoffeln mag ich am liebsten. Wer bin ich?

Tiere im Wald

Art der Aktivität:
Naturerfahrung

Bildungsbereiche:
Forschen und entdecken,
Körper, Bewegung und
Gesundheit

Kompetenzbereiche:
Wahrnehmung weiterent-
wickeln, Sachwissen vertiefen,
Wortschatz erweitern, Naturzusammenhänge erkennen

Kinder:
8–12

Schwierigkeitsgrad:
★ ★ ☆ ☆ ☆

Aktivität:
30–60 Min.

Material:
Bücher über das Leben von
Waldtieren, Bildmaterial zu
Fährten, Behausungen,
Fraßspuren usw.

**Material zu
„Behausungen und
Unterschlüpfe":**
Fotoapparat, Wolle oder
Bänder in auffälligen Farben

Tierspurensuche (1)

Viele Waldtiere bleiben für uns Menschen unsichtbar und doch zeigen uns ihre Spuren und Hinterlassenschaften, dass sie dort leben: Sie suchen Nahrung, fressen, verdauen, bauen sich einen Unterschlupf und ziehen ihre Jungen groß. Gehen Sie mit den Kindern auf Spurensuche und versuchen Sie gemeinsam, das verborgene Leben der Waldtiere zu entdecken und herauszufinden, um welches Tier es sich handelt.

Vorbereitung:

Betrachten Sie gemeinsam im Vorfeld der Spurensuche Bildmaterial und Bücher über das Leben von Waldtieren, und regen Sie die Kinder an, sich mit den verschiedenen Tieren und ihren Lebensgewohnheiten auseinanderzusetzen. Auf diese Weise können die Kinder eine Vorstellung davon entwickeln, wer wo in einem Wald lebt und was die Tiere fressen. Nutzen Sie ggf. die Texte von den Seiten 92 und 93 als Einstimmung. Besprechen Sie mit den Kindern vor der Waldexkursion Verhaltensregeln – denn wer Spuren oder vielleicht sogar die dazugehörigen Tiere entdecken will, muss aufmerksam und leise sein.

Behausungen und Unterschlüpfe

- Fragen Sie die Kinder, warum die meisten Tieren nur selten zu sehen sind. Haben sie Ideen? Vielleicht wissen einige, dass die Tiere sich in ihren Behausungen oder Unterschlüpfen aufhalten. Doch wie sehen diese aus? Wo befinden sie sich?

- Die Kinder gehen paarweise auf die Suche nach Mauselöchern, Ameisenhaufen, Spinnennetzen, Spechtlöchern, Dachs- oder Fuchsbauten und Vogelnestern.

- Sobald die Kinder eine Tierbehausung entdeckt haben, markieren sie die Stelle mit einem bunten Band.

- Auf ein vorher abgesprochenes Signal hin kommen alle wieder zusammen und berichten von ihren Funden.

- Anschließend suchen alle Kinder gemeinsam die markierten Orte auf und vermuten, welches Tier dort lebt oder gelebt hat. Fotografieren Sie die Stellen für die Projektdokumentation.

Tierspurensuche (2)

Spuren suchen

- Tierspuren sind das ganze Jahr über zu finden. Die Kinder finden sie am leichtesten bei Neuschnee, in feuchter Erde oder in feuchtem Sand. Mithilfe eines Fährtenbuches bestimmen Sie gemeinsam das dazugehörige Tier.

- Um die Spuren zu dokumentieren, werden sie fotografiert oder auf Papier gezeichnet.

- Im Kindergarten werden die Spurenbilder aufgehängt und die Kinder kleben ein Bild des jeweiligen Tieres daneben.

Tipp:

Wenn die Kinder in der Nähe von Wildschweinfährten größere, matschige Kuhlen entdecken, kann das ein Hinweis darauf sein, dass eine Wildschweinrotte diese zum Suhlen benutzt hat, um ihren Borstenpelz von lästigen Blutsaugern zu befreien. Ein weiteres Zeichen für die Anwesenheit von Wildschweinen können die Kinder um die Matschkuhlen herum entdecken: Nach dem Suhlen reiben sich die Wildschweine oftmals an Bäumen. Diese sind dann im unteren Bereich grau von getrocknetem Matsch oder die Rinde ist etwas abgeschabt.

Variante:

Die Kinder machen einen Gipsabdruck von den Spuren. Dazu füllen sie sechs Esslöffel Wasser in eine Schüssel, geben unter ständigem Rühren nach und nach 18 Löffel Gips dazu und gießen den Brei vorsichtig in den Fußabdruck des Tieres. Nach einigen Minuten, wenn der Gips hart geworden ist, heben sie den Abguss heraus und reinigen ihn vorsichtig. Auf diese Weise können die Kinder die Abdrücke von vielen Tieren gießen und zur besseren Betrachtung und Untersuchung mitnehmen. Auch ist es möglich, mit den Gipsabdrücken eine Ausstellung zu machen. Dazu malen die Kinder die Tiere auf Pappkarten und legen sie zu den jeweiligen Abdrücken.

Fraßspuren und Losungen

- Oftmals hinterlassen die Tiere neben den Fährten auch andere Spuren, die auf ihr Dasein hinweisen. Die Kinder suchen nach Fraßspuren, wie z. B. angefressenen Fichtenzapfen, Futter- oder Fellresten, Skelettteilen und Losungen.

- Wenn die Kinder Gewölle oder Speiballen finden, nehmen Sie dies als Anlass, um über Greif- und Eulenvögel zu sprechen.

- Finden die Kinder aufgewühlte Stellen am Boden, kann das darauf hinweisen, dass dort ein paar Wildschweine auf der Suche nach Pilzen, Insekten, Würmern und Früchten mit ihren Rüsseln den Waldboden umgegraben haben.

Material zu „Spuren suchen":
Fährtenbuch oder Bilder von Fährten, ggf. Fotoapparat, Papier, Stifte

Material zu „Fraßspuren und Losungen":
–

Tiere im Wald

Art der Aktivität:
Wahrnehmungs- und
Bewegungsspiel

Bildungsbereich:
Körper, Bewegung und
Gesundheit

Kompetenzbereiche:
Wahrnehmung, Motorik,
Reaktionsvermögen und
Koordination weiterentwickeln,
Gemeinschaft erleben

Kinder:
8 – 16

Schwierigkeitsgrad:
★ ★ ★ ☆ ☆

Aktivität:
5 – 15 Min.

Material:
Augenbinde

Aufmerksames Reh

Wie die meisten Tiere können Reh- und Rotwild sehr gut riechen. Da sich ihre Augen seitlich am Kopf befinden, haben sie überdies ein sehr großes Blickfeld. Sobald sie eine Bewegung wahrnehmen, reagieren sie darauf. Unbewegte Objekte dagegen können sie nur schlecht erkennen. Auch ihr Gehör ist sehr gut: Rothirsche können ihre Ohren unabhängig voneinander bewegen und so die Richtung, aus der ein Geräusch kommt, genau orten. Die Tiere brauchen diese feinen Sinne, um mögliche Feinde früh genug zu entdecken, sodass ihnen noch genügend Zeit zur Flucht bleibt. Werden ein Reh oder ein Hirsch gestört, reagieren sie mit einem Schrecklaut, der sich bei erwachsenen Tieren wie ein Bellen anhört. Mit dem folgenden Spiel können die Kinder diese Verhaltensweisen nachspielen und so mehr über das Leben von Rehen bzw. Hirschen erfahren.

So geht's:

- Hatten einige Kinder schon die Gelegenheit, Rehe im Wald zu beobachten? Wenn ja, berichten sie, wie sich die Tiere verhalten haben.

- Ergänzen Sie anschließend ggf., dass die Tiere sehr scheu sind, das leiseste Geräusch gut hören können und schnell die Flucht ergreifen. Ein interessanter Punkt ist auch der bellende Schrecklaut, den die Tiere bei Gefahr ausstoßen.

- Dann schlagen Sie dazu ein Spiel vor: Ein Kind spielt dabei das Reh und steht mit verbundenen Augen in einem Waldstück mit Laub, Büschen und trockenem Holz.

- Die anderen Kinder stehen in einem großen Kreis mit Abstand zueinander um das Reh herum. Sie sind die Jäger, die sich möglichst geräuschlos anschleichen.

- Sobald das Reh ein Geräusch wahrnimmt, bellt es kurz. Alle Kinder bleiben dann ganz ruhig stehen.

- Das Reh zeigt in die Richtung, aus der es das Geräusch gehört hat. Das Kind, das gehört wurde, bleibt nun für den Rest des Spiels an Ort und Stelle stehen.

- Die anderen Kinder schleichen sich weiter an, bis alle Kinder gehört wurden.

- Wer das Reh erreicht hat oder ihm am nächsten gekommen ist, hat gewonnen und spielt in der nächsten Runde das Reh.

Der Sprungwettbewerb

Manche Waldtiere sind hervorragende Weitspringer: Eine Waldmaus springt 70 Zentimeter, ein Eichhörnchen 90 Zentimeter, der Baummarder kann 1,50 Meter, ein Hase 2 Meter und ein Fuchs sogar 2,80 Meter weit spingen. Wildschweine legen 4 Meter, Rehe bereits 6 Meter und Rothirsche sogar 9 Meter mit einem Sprung zurück. Wie weit dies tatsächlich ist, zeigt den Kindern das folgende Spiel. Sie erhalten eine realistische Vorstellung davon, wie weit die einzelnen Tiere und wie weit sie selbst springen können.

Vorbereitung:

Drucken Sie Bilder von verschiedenen Waldtieren aus und laminieren Sie diese ggf. zur besseren Haltbarkeit. Bereiten Sie in der Sandkiste ein Sprungfeld vor, indem Sie die Sandfläche leicht befeuchten und mit einer langen Latte glätten.

So geht's:

- Zeigen Sie den Kindern alle Tierbilder und lassen Sie sie diese benennen. Welches Tier haben die Kinder schon einmal gesehen? Welches Tier kann nach ihrer Meinung am weitesten und welches am wenigsten weit springen?

- Entsprechend der Vermutungen der Kinder legen Sie die beiden Tierbilder an den Rand des Sandkastens.

- Bitten Sie die Kinder nun auch zu raten, wie weit die anderen Tiere springen können. Legen Sie das jeweilige Tierbild an die entsprechende Stelle zwischen die beiden erstgenannten Tiere. Alle Kinder dürfen bei der Entscheidung mithelfen.

- Wenn alle mit der Aufstellung zufrieden sind, zeigen Sie die richtigen Sprungweiten mit einem Zollstock auf und arrangieren die Reihenfolge der Tiere entsprechend.

- Nun dürfen die Kinder selbst ausprobieren, wie weit sie springen können. Wer schafft es, so weit wie eine Waldmaus, ein Eichhörnchen oder ein Marder zu springen?

- Mit einem Zollstock messen Sie die gesprungenen Weiten der Kinder und notieren sie. Glätten Sie den Sand immer wieder zwischen den Sprüngen, sodass die Kinder auch selbst die Weiten überprüfen können.

Art der Aktivität:
Spiel

Bildungsbereiche:
Forschen und entdecken, Körper, Bewegung und Gesundheit

Kompetenzbereiche:
Mathematische Begriffe kennenlernen, Sachwissen vertiefen, Kommunikationsfähigkeit weiterentwickeln

Kinder:
8–12

Schwierigkeitsgrad:
★ ★ ★ ☆ ☆ ☆

Aktivität:
30 Min.

Material:
Bilder von Waldtieren, Zollstock, lange Latte o. Ä., ggf. Wasser

Tiere im Wald

Art der Aktivität:
Gedicht

Bildungsbereich:
Sprache und Literacy

Kompetenzbereiche:
Sprachklang und -rhythmus erleben, Sprachkompetenz ausbauen, Kommunikationsfähigkeit weiterentwickeln

Kinder:
8 – 12

Schwierigkeitsgrad:
★ ★ ☆ ☆ ☆ ☆

Aktivität:
20 Min.

Material:
–

Die Gäste der Buche

Die Tiere, die den Wald als hauptsächlichen Lebensraum nutzen, bevölkern die verschiedenen Pflanzenstockwerke. Sie haben ihre Lebensweise den dortigen Bedingungen angepasst und leben im Zusammenspiel mit der Natur. Im Gedicht von Rudolf Baumbach ist die Lebensweise verschiedener Waldbewohner durch die Welt der Menschen charakterisiert und lädt so zum Nachdenken über das Leben der Tiere ein.

So geht's:

- Lesen Sie den Kindern das Gedicht vor und regen Sie ein Gespräch darüber an: Welche Tiere kommen in dem Gedicht vor? Wo leben diese Tiere?

- Greifen Sie die Gedanken der Kinder für weiterführende Überlegungen auf, z. B. warum die Maus am Hungertuch nagt oder warum der Dichter das Eichhörnchen als Protz beschreibt. Wer mag wohl in den Baumwipfeln wohnen? Versuchen Sie, Beobachtungen der Kinder, z. B. zum Verhalten von Eichhörnchen, sowie bestehendes Wissen zur Lebensweise der verschiedenen Tiere einfließen zu lassen.

- Lesen Sie das Gedicht noch einmal vor und lernen Sie es in den folgenden Tagen mit den Kindern auswendig, indem Sie es mit Bewegungen begleiten.

Die Gäste der Buche

Mietegäste vier im Haus
hat die alte Buche.

den linken Unterarm mit ausgestreckten Fingern als Baum senkrecht vor den Körper halten, mit der anderen Hand vier Finger zeigen

Tief im Keller wohnt die Maus,
nagt am Hungertuche.

mit der rechten Hand auf den linken Ellbogen zeigen, dann mit der Hand über den Bauch streichen und ein bekümmertes Gesicht ziehen

Stolz auf seinen roten Rock
und gesparten Samen
sitzt ein Protz im ersten Stock:
Eichhorn ist sein Name.

sich aufrichten, die Brust herausstrecken und stolz um sich blicken, den linken Daumen als niedrigsten Ast bewegen, mit dem rechten Zeigefinger auf die Brust zeigen

Weiter oben hat der Specht
seine Werkstatt liegen,
hackt und zimmert kunstgerecht,
dass die Späne fliegen.

mit dem rechten Zeigefinger auf den Mittelfinger der linken Hand zeigen und schnell darauf tippen

Auf dem Wipfel im Geäst
pfeift ein winzig kleiner
Musikante froh im Nest.
Miete zahlt nicht einer.

die Finger der linken Hand bewegen mit der linken Hand eine Schale bilden und mit dem rechten Zeigefinger in der linken Handfläche kreisen

Rudolf Baumbach (1840–1905)

Tiere legen

Bei dieser Aktivität sind die Kinder aufgefordert, sich detaillierter mit dem Aussehen von Waldtieren zu beschäftigen. Anschließend setzen sie gemeinsam in Kleingruppen ihre Vorstellungen in ein gelegtes Bild aus Naturmaterialien um.

So geht's:

- Nutzen Sie zum Einstieg verschiedene Bilder von Waldtieren und betrachten Sie sie gemeinsam mit den Kindern: Welche Tiere sind darauf zu sehen? Haben die Tiere ein Fell oder Federn? Haben alle Tiere sichtbare Ohren? Wer hat einen Schwanz? Wer hat Flügel? Wie sieht die Schnauze/ der Schnabel der Tiere aus?

- Anschließend bilden sich Kleingruppen mit drei bis vier Kindern. Zusammen überlegen sie, welches Waldtier sie aus Naturmaterialien legen möchten und welche Naturmaterialien dafür geeignet sind, z. B. ein Fell aus Moos, Eicheln oder Hagebutten als Augen, ein Ästchen als Geweih, schuppig übereinandergelegte Blätter als Federkleid, eine Buchecker als Schnabel.

- Haben die Gruppen ihre Wahl getroffen, sammeln sie die nötigen Naturmaterialien und legen damit das gewünschte Waldtier.

- Die Kinder müssen sich beim Gestaltungsprozess gut absprechen, sodass jeder zum Zuge kommt.

- Geben Sie den einzelnen Gruppen ggf. Unterstützung und helfen Sie, wenn es den Kindern nicht selbstständig gelingt, Kompromisse zu finden.

- Im Anschluss führt jede Gruppe ihr gelegtes Bild vor. Erkennen die anderen Kinder, um welches Tier es sich handelt?

Varianten:

- Stellen Sie mit den Kindern fünf unterschiedliche Naturmaterialien aus dem Wald in ausreichender Menge zusammen. Daraus legt jedes Kind ein eigenes Tier auf dem Waldboden. Die Kinder sehen beim anschließenden Rundgang, wie unterschiedlich die einzelnen Kinder mit denselben Ausgangsmaterialien umgegangen sind.

- Die Kinder gestalten ein Fantasietier aus den Naturmaterialien und erfinden dazu einen Namen.

Art der Aktivität:
Gestalten

Bildungsbereiche:
Kreativität und Musik, Miteinander leben

Kompetenzbereiche:
Fantasie und Kreativität entfalten, Feinmotorik, Kommunikations- und Kooperationsfähigkeit weiterentwickeln

Kinder:
8 – 12

Schwierigkeitsgrad:
★ ★ ★ ☆ ☆ ☆

Aktivität:
60 Min.

Material:
Naturmaterialien, Bilder von Waldtieren

Tiere im Wald

Art der Aktivität:
Lied

Bildungsbereiche:
Kreativität und Musik,
Sprache und Literacy

Kompetenzbereiche:
Fantasie und Kreativität
entfalten, Kommunikations-
und Kooperationsfähigkeit
weiterentwickeln

Kinder:
10–20

Schwierigkeitsgrad:
★ ★ ☆ ☆ ☆

Aktivität:
15 Min.

Material:
Lied S. 101

Zwei kleine Wölfe (1)

Der Wolf ist ursprünglich kein Waldbewohner, sondern eigentlich in offenen Graslandschaften zu Hause. Er gehört zu den Raubtieren und jagt neben Rotwild und Kaninchen auch Schafe oder Rinder, wenn sich sein Revier in der Nähe des Menschen befindet. Deshalb wurde er in vielen Teilen der Welt gejagt und hat sich dadurch immer weiter in die Wälder zurückgezogen. Heute ist er in West- und Mitteleuropa weitgehend ausgerottet. Allmählich setzt sich jedoch die Erkenntnis durch, dass der Wolf keine Gefahr für den Menschen oder für die Landwirtschaft darstellt, und er wird als Teil der Tierwelt zunehmend akzeptiert. Grund genug, Kindern ein Bild des Wolfes zugänglich zu machen, das ihn nicht als „Feind des Menschen" darstellt, wie es häufig in Märchen oder Fabeln der Fall ist, und sie spielerisch zur Auseinandersetzung mit dem Tier anzuregen.

So geht's:

- Singen Sie den Kindern das Lied vor und besprechen Sie den Inhalt.
- Die rhythmische Melodie regt die Kinder dazu an, sich zu bewegen.
- Unterstützen Sie das Erlernen des Liedes durch Gesten und Bewegungen, die den Kindern den Text visualisieren, und üben Sie das Lied mit den Kindern Stück für Stück ein.

Zwei kleine Wölfe	*mit Daumen und Zeigefinger zwei zeigen, Hände als Ohren an den Kopf halten*
gehn des Nachts im Dunkeln.	*Augen zuhalten*
Man hört den einen	*Hand ans Ohr halten und lauschen, mit Daumen nach rechts zeigen*
zu dem andern munkeln:	*mit Daumen nach links zeigen, Hand an den Mund halten und Flüstern andeuten*
„Warum gehn wir denn immer nur des Nachts herum?	*Schultern hochziehen*
Man tritt sich an den Wurzeln ja die Pfoten krumm!	*einen Fuß hochheben und mit beiden Händen kurz festhalten*
Wenn's nur schon heller wär!" Ba du bi du bi du.	*Handkante an die Augenbrauen legen und nach oben schauen, abwechselnd auf die Oberschenkel klatschen*
„Wenn nur der Wald mit Sternenlicht beleuchtet wär!" Ba du ba dum …	*Handkante an die Augenbrauen legen und nach oben schauen, abwechselnd auf die Oberschenkel klatschen*

Zwei kleine Wölfe (2)

Text und Melodie: mündlich überliefert

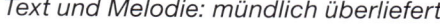

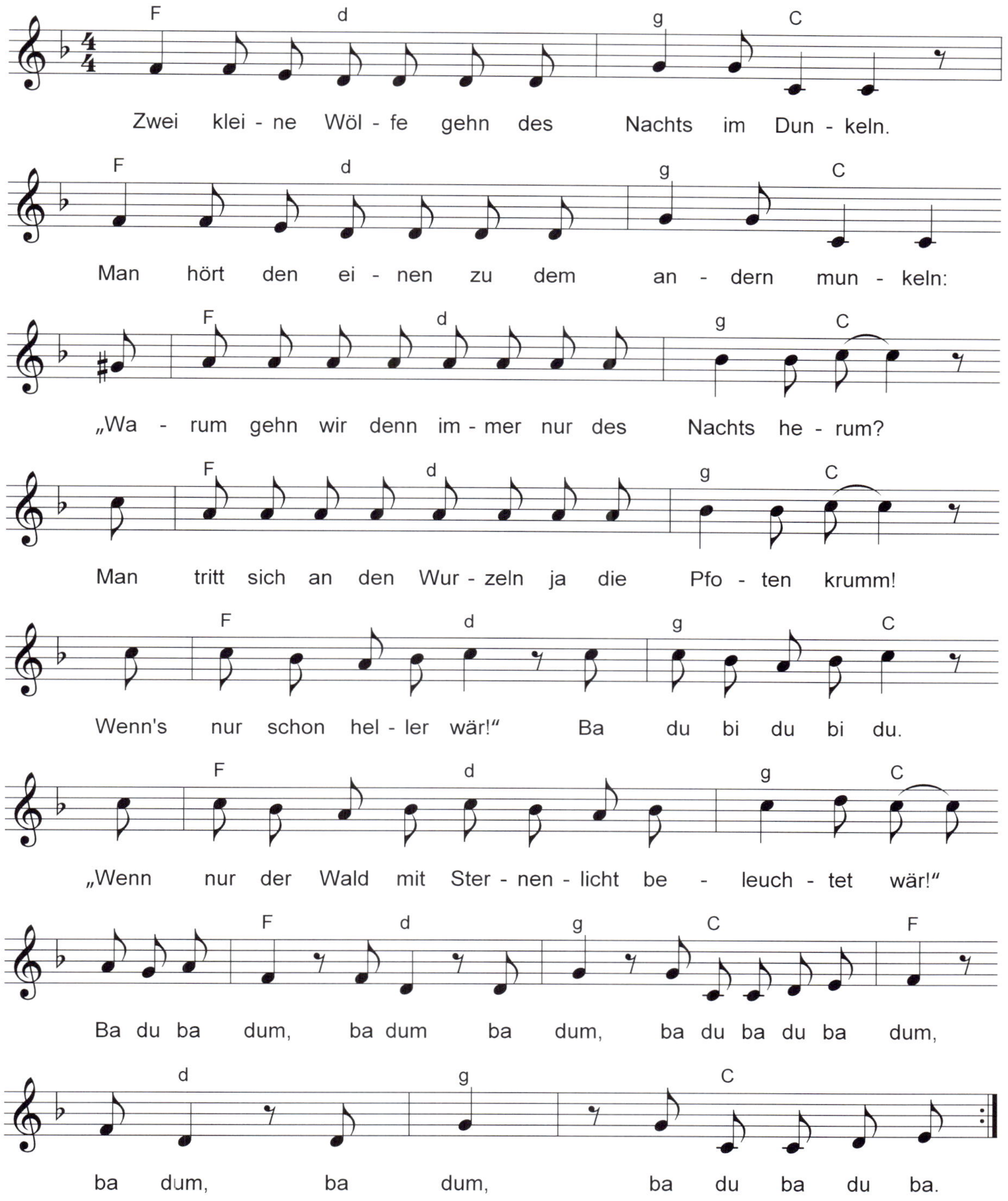
F d g C
Zwei klei - ne Wöl - fe gehn des Nachts im Dun - keln.
F d g C
Man hört den ei - nen zu dem an - dern mun - keln:
F d g C
„Wa - rum gehn wir denn im - mer nur des Nachts he - rum?
F d g C
Man tritt sich an den Wur - zeln ja die Pfo - ten krumm!
F d g C
Wenn's nur schon hel - ler wär!“ Ba du bi du bi du.
F d g C
„Wenn nur der Wald mit Ster - nen - licht be - leuch - tet wär!“
F d g C F
Ba du ba dum, ba dum ba dum, ba du ba du ba dum,
d g C
ba dum, ba dum, ba du ba du ba.

Tipps:

- Wenn die Kinder das Lied und seine gestische Begleitung gut beherrschen, können Sie die Schnelligkeit und die Lautstärke beim Singen variieren.
- Führen Sie Klangstäbe, Rasseln und Trommeln ein und bitten Sie immer zwei Kinder, die letzten beiden Liedzeilen rhythmisch zu begleiten.

Tiere im Wald

Art der Aktivität:
Wahrnehmungsspiel

Bildungsbereiche:
Körper, Bewegung und Gesundheit, Miteinander leben

Kompetenzbereiche:
Wahrnehmung weiterentwickeln, Gemeinschaft erleben

Kinder:
10–20

Schwierigkeitsgrad:
★ ★ ☆ ☆ ☆

Aktivität:
5–10 Min.

Material:
Watte, verschiedene Duftöle, Parfüme, wasserfester Marker, Papier, Stift

Material pro Kind:
kleiner Plastikbehälter

Wer gehört zu meinem Rudel?

Wölfe leben in festen Revieren. Ein Rudel besteht meist aus dem Elternpaar und dessen Nachkommen aus dem Vorjahr und dem aktuellen Jahr. Die vorjährigen Jungwölfe unterstützen das Elternpaar bei der Aufzucht der neuen Welpen. Erst wenn sie mit zwei Jahren geschlechtsreif werden, verlassen sie das Rudel und suchen sich ein eigenes Territorium. Wölfe erkennen sich an ihrem Duft. Sie halten als Rudel fest zusammen und grenzen ihr Revier auch gegen einzelne Artgenossen ab. Bei dem folgenden Spiel erfahren die Kinder, wie es ist, sich mithilfe des Geruchsinns zu orientieren und als Wolfsfamilie zusammenzufinden.

Vorbereitung:

Träufeln Sie einen Duftstoff auf drei bis vier Wattebäusche, geben Sie diese jeweils in einen kleinen Plastikbehälter und versehen Sie die Behälter mit Zahlen. Kombinieren Sie dabei die Zahlen so, dass die Kinder daraus nicht die zusammengehörenden Behälter ableiten können. Notieren Sie sich die Kombinationen auf einem Zettel, damit später nachvollzogen werden kann, ob die richtigen Wölfe zusammengefunden haben. So verfahren Sie weiter mit den anderen Duftstoffen, bis Sie genügend Plastikbehälter für mehrere Wolfrudel zusammengestellt haben.

So geht's:

- Sprechen Sie als Einstieg mit den Kindern über das Leben von Wölfen. Es sollte zur Sprache kommen, dass Wölfe in Rudeln leben und sich u. a. am Geruch erkennen.

- Schlagen Sie ein Spiel vor, bei dem sich die Kinder vorstellen, sie seien Wölfe und würden die anderen Wölfe aus ihrem Rudel suchen – und zwar nur mithilfe ihrer Spürnase.

- Zu Beginn des Spiels erhält jedes Kind einen kleinen Plastikbehälter mit seinem Wolfsrudelduft. Nun gilt es, die anderen Wolfsrudelmitglieder zu erkennen, indem an dem eigenen Duft geschnuppert und dieser mit dem Duft der anderen verglichen wird.

- Wölfe, die sich gefunden haben, suchen gemeinsam nach weiteren Familienmitgliedern.

Variante:

Träufeln Sie einem Kind einen Tropfen Parfüm auf den Handrücken. Anschließend verlässt es die Gruppe. In der Zwischenzeit erhalten drei Kinder dasselbe Parfüm auf den Handrücken. Drei Kinder erhalten ein anderes Parfüm, die übrigen Kinder keines. Nun darf das Kind wiederkommen und durch schnuppern an den „Pfoten" der anderen herausfinden, wer zum Wolfsrudel gehört.

Jäger und Gejagte

Bei den turbulenten Lauf- und Fangspielen versetzen sich die Kinder in die Rolle eines Raubtieres bzw. des Jägers sowie in die Rolle des Beutetieres bzw. des Gejagten.

Der Dachs auf Jagd

- Ein Kreis aus Stöcken stellt den Dachsbau dar. Ein Kind spielt den Dachs, der in seinem Bau schläft. Doch vor seinem Zuhause hüpfen und tanzen die vorwitzigen Mäuse. Der Dachs erwacht, wenn die Mäuse den Spruch rufen:

> „Dachs, Dachs, komm heraus!
> Du bist nicht schneller als 'ne Maus!"

- Daraufhin kommt der Dachs aus seinem Bau und versucht in einer vorgegebenen Zeit, so viele Kinder wie möglich zu fangen. Die Gefangenen bringt er in seinen Bau. Schafft er es, alle Mäuse zu erwischen?

Variante:

Jede gefangene Maus verwandelt sich in einen Dachs und fängt selbst Mäuse. Die letzte Maus wird in der nächsten Runde zum Dachs.

Jäger und Wildschwein

- Markieren Sie in einem Abstand von etwa zehn Metern zwei Linien. An der Startlinie stehen die Wildschweine, an der anderen Linie, dem sicheren Versteck, steht der Jäger mit dem Rücken zu den Wildschweinen. Der Jäger erhält eine Papprolle als Jagdhorn.

- Auf ein Zeichen hin versuchen die Wildschweine, zum Versteck zu gelangen. Die Kinder können auch eine bestimmte Bewegungsart vereinbaren.

- Der Jäger darf sich jedoch jederzeit umdrehen und kündigt dies durch einen lauten Ruf seines Jagdhorns an.

- Sobald die Wildschweine den Ruf hören, erstarren sie in ihrer Bewegung. Wenn der Jäger ein Tier entdeckt, das sich noch bewegt, muss es ausscheiden. Der Jäger dreht sich wieder um und eine neue Runde beginnt.

- Das Spiel ist beendet, wenn alle Wildschweine entweder entdeckt wurden oder im sicheren Versteck sind.

Art der Aktivität:
Bewegungs- und Reaktionsspiele

Bildungsbereich:
Körper, Bewegung und Gesundheit

Kompetenzbereiche:
Motorik, Reaktionsvermögen und Koordination weiterentwickeln, Gemeinschaft erleben

Kinder:
8 – 16

Schwierigkeitsgrad:
★ ☆ ☆ ☆ ☆

Aktivität:
je 10 – 20 Min.

Material zu „Der Dachs auf Jagd":
Stöcke

Material zu „Jäger und Wildschwein":
Stöcke oder Markierungsband, Pappröhre

Tiere im Wald

Vögel des Waldes (1)

In strukturreichen und extensiv bewirtschafteten Wäldern lassen sich sehr viele Vogelarten beobachten. Einige beginnen bereits vor Sonnenaufgang mit ihrem Gesang. Viele andere gesellen sich im Laufe des Tages dazu. Suchen Sie sich mit den Kindern einen geeigneten Platz im Wald und lauschen Sie dem Vogelkonzert. Erkennen die Kinder die Vogelstimmen? Wie viele verschiedene können sie hören? Bei den anschließenden Spielen versetzen sich die Kinder in die Rolle des jeweiligen Vogels und lernen so, dessen Eigenarten besser zu verstehen.

Der Eichelhäher, das Warnsystem des Waldes

- Der Eichelhäher kündigt lautstark an, wenn Menschen, aber auch seine Feinde Habicht, Sperber, Marder und Uhu sowie andere Beutegreifer wie der Fuchs sich in der Nähe aufhalten. Damit warnt er seine Artgenossen und auch die anderen Waldtiere. Schlagen Sie ein Spiel vor, das diesem Zusammenhang Rechnung trägt: Ein Kind spielt den Eichelhäher und eines den Waldspaziergänger. Die anderen Kinder stellen die Bäume dar und verteilen sich auf einem abgegrenzten Spielfeld.

- Der Eichelhäher stellt sich zwischen die Bäume und schließt die Augen, ebenso die Kinder, die die Bäume darstellen. Der Spaziergänger weiß nicht, wer den Vogel spielt. Er versucht nun zwischen den Bäumen durchzugehen, ohne vom Eichelhäher bemerkt zu werden. Bemerkt der Eichelhäher den Spaziergänger, ruft er lautstark: „Dchää, dchää!"

- Geht der Spaziergänger unbemerkt durch den Wald oder der Vogel warnt nur dreimal, ist die Spielrunde beendet und der Spaziergänger hat gewonnen. Beim vierten Warnruf hat der Eichelhäher gewonnen.

Rettet euch vor dem Greifvogel

- Ein Kind spielt den Greifvogel, die anderen Kinder sind Mäuse, die sich frei in einem abgegrenzten, nicht zu großen Waldstück bewegen.

- Zwei oder drei dicke Baumstämme sind mit einem Wollfaden markiert: Sie stellen die Mauselöcher dar, in die sich die Mäuse vor dem Greifvogel retten können. Allerdings dürfen immer nur zwei Mäuse gleichzeitig dort sein. Ist das Mauseloch besetzt, müssen sie weiterrennen. Damit eine Maus nicht die ganze Zeit im sicheren Versteck bleibt, gilt die Regel, sich nur kurz auszuruhen und dann weiterzulaufen.

- Wer gefangen wurde, scheidet aus. Die letzte Maus spielt in der nächsten Runde den Greifvogel.

Vögel des Waldes (2)

Baumtelefon

Material zu „Baumtelefon":
kurzer, dicker Stock

Material zu „Spechtklopfen":
mehrere kurze, dicke Stöcke

- Bestimmt haben die Kinder schon einmal das Klopfen eines Spechtes gehört. Mit seinem Schnabel sucht er gezielt nach Maden und anderen Kleinsttieren in der Rinde eines Baumes oder in morschem Holz. Nachdem er ein Loch in die Rinde geklopft hat, angelt er mit seiner Zunge die Insekten heraus. Seine Zunge ist so lang, dass er sie aufrollen muss, wenn er sie nicht braucht. Doch wie weiß eigentlich ein Specht, wo sich die Larven und andere Insekten im Baum befinden?

- Die Kinder stellen ihre Vermutungen an und tauschen sich darüber aus.

- Dann untersuchen sie den Sachverhalt im Wald an einem am Boden liegenden Baum.

- Dazu stellen sich zwei Kinder je an ein Ende des Stamms. Eines kratzt oder klopft mit einem Stöckchen am Holz. Am anderen Ende hält das zweite Kind sein Ohr an den Stamm. Auch bei längeren Stämmen wird das Kratzen und Klopfen ganz genau zu hören sein.

- Können die Kinder sich nun vorstellen, weshalb der Specht genau weiß, wo er nach Insekten in der Rinde suchen soll? Der Versuch zeigt, dass der Stamm Geräusche weiterleitet. Der Specht orientiert sich an den Resonanzunterschieden im Stamm und findet so hohle Stellen unter der Rinde.

Spechtklopfen

- Bei diesem Spiel experimentieren die Kinder selbst mit dem Klopfen eines Spechts. Geben Sie dazu einen Stock herum. Jedes Kind klopft einmal mit dem Stock gegen einen Baumstamm, um so Spechtgeräusche zu erzeugen. Dabei kann es monotone oder rhythmische Geräuschabfolgen klopfen.

- In einer nächsten Runde klopft ein Kind das Geräusch vor und die anderen versuchen reihum, es nachzumachen.

- Dann gibt es ein Spechtkonzert: Die Kinder wählen drei Rhythmen aus der vorherigen Spielrunde aus und klopfen diese gemeinsam auf ein Startsignal hin. Wenn die Kinder noch wenig Erfahrung haben, empfiehlt es sich, erst mit einem Rhythmus zu beginnen und dann einen zweiten dazuzuspielen. Erst wenn die Kinder dies sicher beherrschen, kann ein dritter Rhythmus hinzukommen.

- Bei einer weiteren Spielrunde sind Rhythmusgefühl und Reaktionsschnelligkeit gefragt: Ein Kind klopft als Specht rhythmisch gegen einen Baum, um den sich die anderen im Takt bewegen. Stoppen die Klopfgeräusche, müssen die Kinder augenblicklich stehen bleiben und erstarren.

- Entdeckt der Specht, dass sich ein Kind noch bewegt, scheidet es aus und hilft beim Beobachten der anderen. Das Kind, das als letztes übrig bleibt, spielt in der nächsten Runde den Specht.

Abenteuer und Spiele im Wald

Zum Thema

Der Wald ist in vielen Mythen und Geschichten Schauplatz wundersamer Begegnungen und haarsträubender Abenteuer. Vor allem in der deutschen Romantik erfuhr der Wald große Verehrung und prägt unser Bild vom Wald als Sehnsuchtsort bis heute. In vielen Märchen ist der Wald eine Art Lieblingsort. Er wird von zauberkräftigen Wesen bewohnt und wer in betritt, sieht sich vor unterschiedlichste Aufgaben gestellt, die es zu meistern gilt. So beginnt die Handlung in vielen deutschen Volksmärchen nicht von ungefähr mit einem Gang in den Wald. Hänsel und Gretel werden dort von ihren Eltern ausgesetzt, aber auch das Rumpelstilzchen lässt sich nur im tiefen Wald ausfindig machen.

„Im Wald, da sind die Räuber" – auch dieses Motiv bringen wir häufig in Verbindung mit dem Wald. Bis vor etwa 150 Jahren war es nicht ungewöhnlich, dass Reisende von Räubern überfallen wurden: Wo eine Handelsstraße durch den Wald führte, lauerten die Banden von Außenseitern und Geächteten der damaligen Gesellschaft, um Frachtwagen und Reisekutschen zu überfallen. Dieses Motiv finden wir vielfach in der Literatur wieder: Die Bremer Stadtmusikanten, Robin Hood und nicht zuletzt der Räuber Hotzenplotz schätzten den Wald als Rückzugsort und als Versteck.

Für viele Kinder sind diese Bilder und Geschichten äußerst lebendig und regen ihre Fantasie an. Die Kinder begegnen darin nicht zuletzt ihren eigenen Ängsten und Unsicherheiten und können sich damit auseinandersetzen. Die Vorstellung, selbst einmal der Räuber zu sein, der im tiefen Wald haust und sich seine eigenen Regeln schafft, versetzt viele Kinder in Begeisterung und bietet reichlich Stoff, um Abenteuer zu erleben und schwierige Situationen zu meistern. Nutzen Sie den Wald als Inspirationsquelle, um gemeinsam mit den Kindern seine geheimnisvollen Seiten zu erleben und genauer unter die Lupe zu nehmen.

Aktivgeschichte

Jannik darf seinen sechsten Geburtstag mit seinen Freunden, Greta, Merle, Murat, Hannes und Hannes' kleinem Bruder Max, in der Hütte seines Opas Klaus mitten im Wald feiern. Sie dürfen dort sogar übernachten.

Da man die Hütte nicht mit dem Auto erreichen kann, müssen die Kinder und Opa alles hintragen: Getränke, Verpflegung, Teller und Besteck, Salzstangen, Gummibärchen und den Geburtstagskuchen, den Jannik selbst trägt. Bei der Hütte angekommen, singen die Kinder ein Geburtstagslied für Jannik, der die Kerzen auf dem Kuchen ausbläst. Dann essen die Kinder Brote und Kuchen.

Beim Versteckspiel, beim Lagerfeuer und in der Hütte kurz vor dem Schlafen hat Max immer wieder Angst, weil er unheimliche Geräusche hört und furchterregende Schatten sieht. Hannes macht sich deshalb über seinen Bruder lustig, doch Max gibt seine Angst nicht zu.

Nachts hört Max die verschiedensten Geräusche und wieder hat er furchtbar Angst und hält sich die Ohren zu.

Am nächsten Morgen erklärt Opa Klaus, dass es dafür ganz einfache Erklärungen gibt: Eine Eule, der Wind und ein Igel waren der Grund für die gruseligen Geräusche. Einige Kinder und schließlich auch Max geben zu, dass sie sich gefürchtet haben. Sogar Hannes hatte Angst – traut sich aber nicht, es zuzugeben.

Nur Jannik hat als Einziger so tief und fest geschlafen, dass er von den nächtlichen Ereignissen nichts mitbekommen hat.

Praxisseiten

Das Spielen im Wald erhält eine ganz besondere Gewichtung, wenn die Kinder sich in die Rolle eines Räubers hineinversetzen. Für Kinder bietet die Räuberthematik reichlich Stoff zur Identifikation und sorgt für Abenteuer und aufregende Erlebnisse. Dazu absolvieren die Kinder zunächst eine Räuberausbildung (S. 112 / 113), bei der sie verschiedene körperliche und kognitive Herausforderungen bestehen müssen, und erwerben dabei ein Räuberdiplom (S. 114). Sie bauen sich ein Räuberlager (S. 115), in dem sie hausen und in dem es bei Gesang und Spielen (S. 116 – 121) turbulent und lustig zugeht. Dabei entwickeln sie ganz nebenbei ihre sprachlichen, musikalischen und motorischen Fähigkeiten weiter.

Daran schließen sich Aktivitäten zum Thema Waldgeräusche (S. 123 – 125) an, die zum einen die akustische Wahrnehmungsfähigkeiten der Kinder unterstützten und zum anderen als eine spielerische Annäherung an die für manche Kinder mit Ängsten besetzten Aspekte des Waldes genutzt werden können. Eine Klanggeschichte (S. 124 / 125) spielt mit dem Thema „Der Wald bei Nacht" und lädt die Kinder ein, selbst entsprechende Geräusche zu erzeugen und eine Geschichte damit zu vertonen.

Dieses Thema wird noch einmal aufgegriffen bei den Aktivitäten auf den Seiten 126 und 127, die die Kinder mit einer Mitmachgeschichte auf eine Nachtwanderung vorbereiten. Selbst hergestellte Schutzamulette (S. 128) runden schließlich die Auseinandersetzung mit den eigenen Gefühlen ab und unterstützen die Kinder dabei, Selbstvertrauen aufzubauen und sich im Wald geborgen zu fühlen.

Abenteuer und Spiele im Wald

Aktivgeschichte: Die Nacht der Ungeheuer

	Jannik hat Geburtstag.
sechs Finger zeigen	**Sechs Jahre** alt ist er geworden.

Diesmal darf er bei Opa Klaus in der Hütte feiern. Sogar übernachten darf er dort, zusammen mit seinen Freunden.

Das kleine Holzhaus steht mitten im Wald. Da kann man nicht mit dem Auto hinfahren.

auf der Stelle gehen — Deshalb müssen sie ein gutes Stück **zu Fuß gehen**.

imaginäre Taschen schleppen — Opa Klaus **schleppt** die Getränke zur Hütte.

Greta und Merle tragen zusammen die Tasche mit den Broten und Würstchen. Murat hat Teller und Besteck dabei. Hannes trägt Salzstangen, sein kleiner Bruder Max eine Tüte Gummibärchen.

Den Geburtstagskuchen bringt Jannik selbst zur Hütte.

Endlich sind sie angekommen.

suchend um sich blicken — Das kleine Haus steht gut **versteckt** im dunklen Nadelwald, zwischen Tannen und Fichten.

Vor der Hütte steht ein großer Holztisch mit zwei Bänken. Die Kinder stellen das Essen auf dem Tisch ab.

auf Stuhl plumpsen — Erschöpft lassen sie sich auf die Bänke **plumpsen**.

Der Fußmarsch an der frischen Luft hat die Kinder hungrig gemacht.

sich den Hals halten — „Puh!", stöhnt Murat. „Jetzt habe ich einen riesigen **Durst**."

sich den Bauch halten — „Ich auch!", sagt Greta. „Und **Hunger**."

Kaum haben sie den Tisch gedeckt, will Hannes schon anfangen zu essen.

„Nein, so geht das nicht." Opa Klaus nimmt Hannes das Brot aus der Hand. „Zuerst singen wir für Jannik ein Geburtstagslied!"

sechs imaginäre Kerzen anzünden, dazu zählen — Opa Klaus **zündet sechs Kerzen an**.

Abenteuer und Spiele im Wald

Alle zusammen singen für Jannik: „**Zum Geburtstag viel Glück**."

Geburtstagslied singen:
Zum Geburtstag viel Glück,
zum Geburtstag viel Glück.
Zum Geburtstag alles Gute,
zum Geburtstag viel Glück.

Im Wald klingt das noch viel schöner als im Kindergarten.
Jannik ist beinahe ein bisschen verlegen, weil alle für ihn singen.
Aber schön findet er es trotzdem.
Nach dem Lied **bläst** Jannik die Kerzen **aus**.
Dann ruft Hannes: „**Guten Appetit!**",
und **beißt** in ein dickes Käsebrot.

imaginäre Kerzen ausblasen
„Guten Appetit" sagen
in ein imaginäres Brot beißen

Nach dem Essen spielen die Kinder Verstecken.
Merle muss als Erste suchen. Sie stellt sich an die Hütte und
beginnt zu zählen.
Die anderen verstecken sich hinter dicken Baumstämmen.
„Neunzehn, zwanzig. **Ich komme**!", ruft Merle.
Den kleinen Max hat sie schnell gefunden. Er ist unter einen
Busch gleich neben der Hütte gekrochen.
Jetzt ist er an der Reihe.

„Ich komme!" rufen

„Eins, zwei", zählt Max langsam. Seine Augen macht er dabei
nicht ganz zu.
Immer wieder **schielt er zur Seite**, um zu schauen, woher die

mit Händen vor den Augen zu
beiden Seiten schielen

merkwürdigen Geräusche kommen.
Max **horcht**. Es rauscht und knarrt und quietscht und pfeift.
Als er in der Nähe ein lautes **Klopfen** hört, vergisst er vor Schreck
zu zählen. Was ist das? Wer klopft da?
Es ist nur ein Specht, aber das weiß Max nicht.
„Wird's bald!", ruft sein großer Bruder ungeduldig.
„**Ich komme!**", flüstert Max.
Dann bleibt er bei der Hütte stehen und **starrt** in den dunklen Wald.

mit Hand am Ohr horchen
am Stuhl klopfen

„Ich komme!" flüstern
mit aufgerissenen Augen
geradeaus schauen

Hannes kommt aus seinem Versteck hervor.
„Ach, das ist doof. Max hat viel zu viel Angst."
Max **stemmt die Hände in die Seiten** und **schüttelt den Kopf**.

Hände in die Seiten stemmen
und Kopf schütteln
mitsprechen

„**Stimmt nicht!**", ruft er laut.
Aber in Wirklichkeit fürchtet er sich so, dass **seine Knie zittern**.

mit den Knien zittern

Als es dunkel wird, machen sie ein Lagerfeuer.
An langen **Stöcken** werden Würstchen gegrillt.

Arm mit imaginärem Stock
ausstrecken

Die schmecken super **lecker**.

sich den Bauch reiben und
„mmh!" sagen

Abenteuer und Spiele im Wald

Nur Max vergisst seine Wurst. Immer wieder schaut er nach den schwarzen Schatten, die um das lodernde Feuer hüpfen.

Fratzen schneiden und herumhüpfen

Wie gefährliche Ungeheuer mit bösen **Fratzen tanzen** sie

zwischen den Bäumen durch die Nacht.
Plötzlich ruft Hannes: „Max, deine Wurst!" Schnell reißt er den angebrannten Rest aus dem Feuer. „Mein kleiner Bruder hat wohl mal wieder Angst."

Hände in die Seiten stemmen und Kopf schütteln

Max **stemmt die Hände in die Seiten** und **schüttelt den Kopf**.

mitsprechen

„**Stimmt nicht!**", ruft er laut.

mit den Zähnen klappern

Aber in Wirklichkeit fürchtet er sich so, dass **seine Zähne klappern**.

laut gähnen

„Jetzt bin ich aber müde", **gähnt** Greta.
„Ich auch", gibt Jannik zu, obwohl er am liebsten noch lange weiterfeiern würde.
Opa Klaus hat in der Hütte Matratzen auf den Boden gelegt. Außerdem hat er einige Lampen mit brennenden Kerzen aufgestellt, weil es keinen Strom gibt.
Mit großen Augen schaut Max zu, wie die Ungeheuer mit den

Fratzen schneiden und herumhüpfen

bösen **Fratzen** nun in der Hütte **herumhüpfen**.

„Max hat schon wieder Angst", murrt Hannes.

Hände in die Seiten stemmen und Kopf schütteln

Max **stemmt die Hände in die Seiten** und **schüttelt den Kopf**.

mitsprechen

„**Stimmt nicht!**", ruft er laut.

mit einer Faust leicht auf die Brust schlagen

Aber in Wirklichkeit fürchtet er sich so, dass sein **Herz** wie verrückt **klopft**.

Es ist schon spät, alle sind sehr müde.

mitsprechen

„**Gute Nacht**", wünscht Opa Klaus

imaginäre Kerzen ausblasen

und **bläst** die Kerzen **aus**.

mitsprechen

„**Gute Nacht**", antworten die Kinder

gähnen

und **gähnen** beinahe gleichzeitig.

In der Hütte ist es jetzt stockfinster.
Max verkriecht sich unter der Decke.

„Uhuuu!" rufen

Plötzlich hört er etwas rufen: „**Uhuuu! Uhuuu!**"
Was ist das? Ein Gespenst? Er rückt ein Stück näher zu Hannes.

„Huuii!" sagen

„**Huuii!**" Irgendetwas pfeift durch den Wald und rüttelt an der Tür.
Vor Schreck hält Max die Luft an.

am Stuhl kratzen und Schmatzgeräusche machen

Kurz darauf hört er ein **Kratzen und Schmatzen**, direkt vor der Tür.

Oje, das klingt ja gefährlich!

sich die Ohren zuhalten

Mit beiden Händen **hält** sich Max die **Ohren zu**.

sich klein machen

Winzig klein macht er sich unter der Decke.

Abenteuer und Spiele im Wald

Als Max die Augen wieder öffnet, ist es hell in der Hütte.
„Guten Morgen!", ruft Opa Klaus. „Habt ihr gut geschlafen?"
Jannik **reibt sich die Augen**. „Tief und fest. Ich bin gleich einge-
schlafen." Fröhlich springt er auf.

sich die Augen reiben

„Hm, ich nicht so gut", antwortet Greta und **streckt sich**.

sich recken und strecken

„Da waren so komische Geräusche", erinnert sich Murat. „Wie ein
Gespenst hat es sich angehört."
„Ja", lacht Opa Klaus. „Das war die Eule mit ihrem **Uhuuu!**"

„Uhuuu!" rufen

„Und dann hat was an der Tür gerüttelt", sagt Merle. Sie sieht ein
bisschen blass aus.
Opa Klaus nickt. „Stimmt, der Wind ist – **huuii** – kurz mal um die
Hütte gebraust."

„Huuii" sagen

„Irgendwer hat vor der Tür **gekratzt und geschmatzt**", erzählt

*am Stuhl kratzen und
Schmatzgeräusche machen*

Greta aufgeregt.
„Genau", sagt Opa Klaus. „Der Igel, der die Reste vom Essen
weggefuttert hat." Er schaut die Kinder an. „Ihr hattet sicher
Angst."
Max **stemmt die Hände in die Seiten** und **schüttelt den Kopf**.

*Hände in die Seiten stemmen
und Kopf schütteln
mitsprechen*

„**Stimmt nicht!**", ruft er laut.
Aber in Wirklichkeit ist das geschwindelt.
„Ein wenig hab ich mich vor den Geräuschen schon gefürchtet",
gibt Murat zu. „Da hab ich mir die **Ohren zugehalten**."

sich die Ohren zuhalten

„Ich auch", sagt Merle. „Ich bin dann ein bisschen näher zu Greta
gerutscht."
Greta nickt. „Ich hab auch ein bisschen Angst gehabt. Deshalb
hab ich **mich ganz klein gemacht** und unter der Decke ver-
krochen."

sich klein machen

„**Ich auch**", flüstert Max so leise, dass ihn niemand hören kann.

„Ich auch" flüstern

Hannes sagt nichts. Er tut so, als wäre nichts gewesen.
Aber er sieht sehr, sehr **müde** aus.
In Wirklichkeit haben die halbe Nacht seine **Zähne geklappert**.
Außerdem haben seine **Knie gezittert**.
Und sein **Herz hat gepocht** wie verrückt.

*gähnen
mit den Zähnen klappern
mit den Knien zittern
mit einer Faust leicht auf die
Brust schlagen*

Aber das verrät er nicht. Weil er nämlich nicht mutig genug ist,
seine Angst zuzugeben. Manchmal ist er ein richtiger Angsthase.

Und Jannik?
Der ist beinahe traurig, dass er die Abenteuer verschlafen hat.
Nächstes Jahr wird er **sieben**.

sieben Finger zeigen

Da will er wieder in der Hütte schlafen. Und unbedingt wach
bleiben. Die ganze Nacht!

Abenteuer und Spiele im Wald

Art der Aktivität:
Spiele

Bildungsbereiche:
Körper, Bewegung und
Gesundheit, Miteinander leben

Kompetenzbereiche:
Gemeinschaft erleben,
Motorik, Koordinationsfähigkeit und Reaktionsvermögen,
Kommunikations- und Kooperationsfähigkeit weiterentwickeln, Selbsteinschätzung
entwickeln

Kinder:
10–20

Schwierigkeitsgrad:
★ ★ ☆ ☆ ☆

Aktivität:
60–90 Min.

Material pro Kind:
Räuberdiplome von S. 114 für
alle Aufgaben

**Material zu
„Räubernamen":**
verschiedene Stempel oder
Stifte

**Material zu
„Bezwinge den Weg":**
verschiedene Stempel oder
Stifte, ggf. Sägespäne oder
Absperrband, Hindernisse

Die Räuberausbildung (1)

Der Wald ist ein Ort der Mythen und Märchen. Ob wir nun Hexen und Zau-
berer darin vermuten oder Trolle, Elfen oder gar wilde Tiere wie den „bösen
Wolf" – der Wald ist in vielen Geschichten auch ein geheimnisvoller Ort mit
Lebewesen, die im Verborgenen existieren. Ob dort wohl auch eine Räuber-
bande ihr Unwesen treibt? Für Kinder bietet die Räuberthematik reichlich
Stoff zur Identifikation und sorgt für aufregende Erlebnisse. Um ein richtiger
Räuber zu werden, bedarf es einer Ausbildung. Dazu müssen die Kinder
verschiedene Herausforderungen bestehen, die auf dem Räuberdiplom
ausgewiesen und abgestempelt werden. Sammeln Sie im Anschluss alle
Karten ein, unterschreiben Sie sie und überreichen Sie diese in feierlicher
Runde an die Kinder. Diese dürfen ihre Diplome dann mit nach Hause
nehmen.

Aufgabe 1: Räubernamen

Jedes Kind denkt sich einen eigenen Räubernamen aus. Dabei ist es egal,
ob der eigene Name des Kindes darin vorkommt. Es sollten jedoch passende Eigenschaften des jeweiligen Kindes im Namen deutlich werden.
Zum Beispiel: Waldemar der Geschickte, Frederick der Starke, Gunda die
Furchtlose oder Ida die Spurensucherin. Als Abwandlung können gegenseitig Namen vergeben werden oder die Gruppe überlegt gemeinsam für
ein Kind.

Aufgabe 2: Bezwinge den Weg

- In dieser Prüfung wird Geschicklichkeit getestet. Markieren Sie dazu
  einen Weg, den die Kinder absolvieren sollen. Hindernisse sind z. B.
  ein liegender Baumstamm, auf dem balanciert oder der übersprungen
  werden muss, ein besonders dicker Baum, der dreimal umrundet wird,
  oder ein Ast, unter dem die Räuber durchkriechen müssen.

- Weiterhin können Sie die Kinder anregen, die Strecke durch unterschiedliche Fortbewegungsarten zu bewältigen, wie vorwärts oder rückwärts
  laufend, beidbeinig oder einbeinig hüpfend.

Die Räuberausbildung (2)

Aufgabe 3: Zapfenwurf

- Ein Räuber muss im Kampf Treffsicherheit beweisen und einen Zapfen ins Ziel werfen. Dazu sammeln die Kinder zunächst gemeinsam Zapfen.

- Aus einer Entfernung, die sich nach dem Alter der Kinder richten sollte, versuchen diese, einen Zapfen in einen Eimer oder durch einen Reifen zu werfen. Jeder hat drei Versuche.

Aufgabe 4: Der Räuberkampf

- Zwei Räuber müssen versuchen, im Kampf Räuber gegen Räuber zu bestehen, indem sie den gegnerischen Räuber aus dem Gleichgewicht bringen.

- Je zwei Räuber erhalten einen länglichen aufgeblasenen Luftballon, mit dem sie gegeneinander antreten. Dazu steigt jeder auf ein Ende eines dicken, am Boden liegenden Baumstamms. Beide balancieren in die Mitte und versuchen dort, sich gegenseitig mit ihren Räuberwaffen aus dem Gleichgewicht zu bringen. Der Kampf dauert so lange, bis ein Räuber die Balance verliert und vom Baumstamm springen muss.

- Dann gibt es eine Revanche, damit beide Kinder die Chance haben, die Prüfung zu bestehen.

Aufgabe 5: Sei schnell!

Ein Räuber muss schnell sein, damit er sich rechtzeitig verstecken kann, um nicht entdeckt zu werden. Die Kinder laufen eine vorher markierte Strecke auf Zeit, ggf. wird die Zeit in das Räuberdiplom eingetragen.

Aufgabe 6: Vertraue deinen Räuberfreunden

- Räuber müssen zusammenhalten und sich aufeinander verlassen können: Dazu bilden die Kinder zunächst Paare. Ein Kind schließt die Augen oder lässt sie sich verbinden und wird dann von seinem Partner durch den Wald geführt. Es muss sich dabei ganz auf die Anweisungen und vorausschauende Führung des anderen verlassen.

- Anschließend werden die Rollen getauscht.

Tipp:

Falls manche Kinder nicht alle Aufgaben lösen können, bietet es sich an, eine Ersatzaufgabe zu stellen, die im Rahmen ihrer Möglichkeiten liegt und an ihre Stärken anknüpft, oder die Regel aufzustellen, dass derjenige, der vier von sechs Aufgaben erfüllt, die Räuberprüfung bestanden hat.

Material zu „Zapfenwurf":
verschiedene Stempel oder Stifte, Zapfen, Eimer oder Reifen

Material zu „Der Räuberkampf":
verschiedene Stempel oder Stifte, 2 Schwimmnudeln, Schaumstoffröhren oder längliche Luftballons

Material zu „Sei schnell!":
verschiedene Stempel oder Stifte, Stoppuhr

Material zu „Vertraue deinen Räuberfreunden":
verschiedene Stempel oder Stifte, ggf. Augenbinde

Abenteuer und Spiele im Wald

Räuberdiplom von

_____

Stempel

Aufgabe 1: Räubernamen
Ein richtiger Räuber hat einen richtigen Räubernamen.
Denk dir einen Namen aus, der nur zu dir passt.

Aufgabe 2: Bezwinge den Weg
In dieser Prüfung wird deine Geschicklichkeit getestet.
Gelingt es dir, die Hindernisse unbeschadet zu überwinden und den Weg zu meistern, dann gilt die Prüfung
als bestanden.

Aufgabe 3: Zapfenwurf
Ein Räuber muss Treffsicherheit haben. Gelingt es dir,
einen Zapfen ins Ziel zu werfen, dann ist die dritte
Prüfung bestanden.

Aufgabe 4: Der Räuberkampf
Kannst du im Kampf Räuber gegen Räuber bestehen?
Versuche den anderen Räuber aus dem Gleichgewicht
zu bringen. Bleibst du länger als dein Gegner auf dem
Baumstamm, dann ist auch die vierte Aufgabe erfüllt.

Aufgabe 5: Sei schnell!
Ein Räuber muss schnell sein, damit er sich rechtzeitig
verstecken kann, um nicht entdeckt zu werden.
Versuche die Strecke so schnell wie möglich zu laufen.

Aufgabe 6: Vertraue deinen Räuberfreunden
Lass dir von den anderen Räuberschülern die richtige
Richtung weisen. Vertraue auf ihre Hinweise, dann
schaffst du es, unbeschadet durch den Räuberwald
zu kommen. Damit ist auch die sechste Aufgabe erfüllt.

Räuberausbildung ☐ bestanden

☐ nicht bestanden

_____
(Datum)   (Räuberhäuptling)

Das geheime Räuberlager

Räuber haben ein Lager an einem geheimen Ort im Wald, an dem sie wohnen, essen und alle immer wieder zusammenkommen. Errichten Sie mit den Kindern ein eigenes Räuberlager und bauen Sie gemeinsam ein Waldsofa, das Sie zum Räubertreffpunkt erklären.

Waldsofa

- Suchen Sie im Wald einen geeigneten Platz aus, an dem das Räuberlager entstehen soll. Dazu suchen zunächst alle Kinder einen Stock etwa in Unterarmlänge.

- Danach stellen sich alle zu einem geschlossenen Kreis auf und legen die Äste vor ihre Füße. Die Stöcke sollen sich dabei nicht überschneiden. Der Stockkreis ergibt den Umfang des Waldsofas.

- Nun sammeln die Kinder weitere Äste in verschiedenen Größen: Große und dicke Äste legen sie zuunterst in den Kreis. Dünnere Äste werden darauf gestapelt. Für die Gemütlichkeit sorgen zum Schluss Moos und Laub, mit denen die oberste Schicht ausgepolstert wird.

- Nach Abschluss des Projekts bleibt das Waldsofa stehen und dient als Treffpunkt für spätere Ausflüge oder Sie stapeln die Stöcke zu einem Haufen, der dann Waldtieren als Versteck dient.

Räuberhütten

- Die Kinder errichten mehrere zeltartige Hütten. Nutzen Sie einen großen stabilen Baum mit Astgabel, in die Sie einen langen, stabilen Ast oder dünnen Baumstamm lehnen.

- Nun suchen die Kinder Äste, Stöcke und Zweige, die sie abwechselnd auf jeder Seite des Astes anlehnen. Befestigen Sie diese ggf. mit Schnüren.

- Für das Dach verwenden die Kinder Reisig, Blätter und Moos. Vielleicht besitzen Sie auch ein Netz, das Sie darüberlegen.

Tipp:

Räuber sitzen gern am Lagerfeuer. Da es verboten ist, im Wald ein Feuer zu entzünden, gestalten die Kinder ein Feuer der besonderen Art: Sie legen mit Steinen die Umrandung des Feuers. Darin schichten sie kleine Stöcke zu einem Zelt auf, die sie mit orangefarbenen, gelben und roten Chiffontüchern bedecken. Eine batteriebetriebene Lichterkette unter den Tüchern macht die Illusion perfekt.

Art der Aktivität:
Gestalten

Bildungsbereiche:
Forschen und entdecken, Kreativität und Musik

Kompetenzbereiche:
Gemeinschaft erleben, Fantasie und Kreativität entfalten, Kommunikations- und Kooperationsfähigkeit weiterentwickeln, Werte entwickeln

Kinder:
8 – 12

Schwierigkeitsgrad:
★ ★ ☆ ☆ ☆

Aktivität:
30 – 60 Min.

Material zu „Waldsofa":
abgebrochene Äste, Stöcke, Reisig, Laub, Moos

Material zu „Räuberhütten":
Baumstamm, Zweige, Schnur, Schere, Äste, Reisig, Laub, Moos, evtl. großes Netz

Abenteuer und Spiele im Wald

Art der Aktivität:
Lied

Bildungsbereiche:
Sprache und Literacy,
Kreativität und Musik

Kompetenzbereiche:
Musikalität und Rhythmus-
gefühl entfalten, Sprechfreude
entwickeln, Lied in Bewegung
umsetzen, Gemeinschaft
erleben

Kinder:
10–20

Schwierigkeitsgrad:
★ ☆ ☆ ☆ ☆ ☆

Aktivität:
5–15 Min.

Material:
Lied S. 117, Verkleidungs-
utensilien passend zum Liedtext, z.B. alte Hemden, Hüte,
kaputte Hosen, große Geldbörse, Steckenpferd, Papier,
Stifte, Wäscheleine, Wäscheklammern

Im Walde von Toulouse (1)

In einem Räuberlager geht es manchmal hoch her. Da werden Geschichten
von Raubzügen und Heldentaten erzählt und manchmal wird dabei auch ein
bisschen übertrieben. Das folgende Lied ist wie eine Art Moritat aufgebaut
und berichtet vom Leben und von der Gefangennahme der Räuber von
Toulouse. Ergänzt mit selbst gestalteten Bildtafeln, können die Kinder das
Lied als Bänkelsänger in ihrem Räuberlager (S. 115) vortragen.

So geht's:

- Singen Sie den Kindern den ersten Vers vor und bitten Sie sie, in einer
  weiteren Runde mitzuklatschen.

- Dann singen Sie die anderen Verse vor und die Kinder versuchen, jeweils
  beim Refrain mitzusingen.

- Wovon erzählt das Lied? Wer kommt darin vor und was tun die Personen?

- Singen Sie noch einmal das Lied Strophe für Strophe und überlegen Sie
  sich mit den Kindern passende Bewegungen zum Liedtext.

- Dann verteilen die Kinder die Rollen: Ein Kind spielt beispielsweise den
  Herrn, der fein angezogen ist, eine große Börse bei sich trägt und auf
  einem Steckenpferd reitet. Einige Kinder sind die Räuber in Räuberklei-
  dung und die anderen Kinder spielen die Polizei.

- Singen Sie noch einmal gemeinsam das Lied und die Kinder bewegen
  sich entsprechend ihrer Rollen.

Tipp:

Anschließend zeichnen die Kinder zu jedem Vers bzw. zu jeder Szene
ein Bild. Ordnen Sie gemeinsam die Kunstwerke und hängen Sie sie
entsprechend der Reihenfolge im Text an einer Wäscheleine im Gruppenraum auf. Beim nochmaligen Singen haben die Kinder so gleich ein Bild
zur jeweiligen Szene vor Augen.

Im Walde von Toulouse (2)

Text und Melodie: überliefert aus Frankreich

1. Im Wal-de von Tou-lou-se, da haust ein Räu-ber-pack,

da haust ein Räu-ber-pack, schned-de-reng, peng peng, schned-de-reng per-li-ne,

da haust ein Räu-ber-pack, schned-de-reng, peng peng!

2. Es waren ihrer fünfzig, |: verborgen im Gebüsch. :| …

3. Sie sprachen zueinander: |: „Schau nach, ob einer kommt!" :| …

4. „Ich sehe einen kommen, |: der sitzt auf hohem Pferd!" :| …

5. „Mein Herr, bleibt bitte stehen! |: Wo habt ihr euer Geld?" :| …

6. „Ich hab's in meiner Börse, |: ich hab's in meinem Rock!" :| …

7. „So gebt denn eure Börse, |: sonst legen wir euch um!" :| …

8. „So nehmt denn meine Börse, |: doch lasst das Leben mir!" :| …

9. Im gleichen Augenblicke, |: da kam die Polizei. :| …

10. Da hoben alle Räuber |: ganz schnell die Hände hoch. :| …

11. Im Walde von Toulouse |: gibt's keine Räuber mehr. :| …

Refrain:

… schneddereng, peng peng, schneddereng perline …
… schneddereng, peng peng!

Art der Aktivität:
Sprach- und Rhythmusspiel

Bildungsbereiche:
Kreativität und Musik, Sprache und Literacy, Körper, Bewegung und Gesundheit

Kompetenzbereiche:
Rhythmusgefühl und Sprechfreude entwickeln, Wahrnehmungs- und Konzentrationsfähigkeit weiterentwickeln, Fantasie und Kreativität entfalten

Kinder:
8–16

Schwierigkeitsgrad:
★ ★ ☆ ☆ ☆

Aktivität:
10–20 Min.

Material:
–

Die Klatsch- und Waldmusik der Räuber

Im Räuberlager wird auch gemeinsam gespielt und musiziert. Nehmen Sie Wald- und Räuberwörter als Ausgangspunkt für verschiedene Rhythmusspiele, bei denen die Kinder die Wortsilben sprechen und gleichzeitig dazu klatschen.

So geht's:

- Setzen Sie sich mit den Kindern im Kreis um das Lagerfeuer (S. 115) und überlegen Sie sich gemeinsam Wörter mit mehreren Silben zum Thema Räuber und/oder Wald aus.

- Alle sprechen und klatschen gemeinsam die Begriffe und Rhythmen.

- Dann bilden die Kinder Kleingruppen. Jede von ihnen wählt eines der Wörter und denkt sich dazu eine Klatschbegleitung aus, die sie einübt und nach einer vorgegebenen Zeit in der Gesamtgruppe präsentiert, z.B.:

  - Räu-ber-um-hang (Hände – Schenkel – Brust – Schenkel)

  - Räu-ber-höh-le (Hände – Schenkel – Hände – Schenkel)

  - Räu-ber Hot-zen-plotz (Hände – Brust – Hände – Schenkel – Hände)

  - Wald–hüt–te (Schenkel – Po – Hände)

  - Reh-fa–mi-li-e (Hände – Schultern – Hände – Hände – Schenkel)

  - Eich-hörn-chen-ko-bel (Hände – rechte Hand, linke Fußsohle – linke Hand, rechte Fußsohle – Hände – Schenkel)

- Sprechen Sie nun alle gemeinsam die Wörter und üben Sie die Klatschbewegungen dazu. Wenn alle sicher sind, fangen Sie mit normaler Lautstärke an zu sprechen und reden dann immer leiser, bis schließlich nur noch der Klatschrhythmus zu hören ist.

Varianten:

- Die Kinder bilden zusammen ein Waldorchester. Alle Kleingruppen probieren aus, wie sie ihre ausgedachten Rhythmen zusammen oder nacheinander klatschen können, sodass sie gut zusammenpassen. Leiten Sie als Dirigent das Orchester und geben Sie so den Kindern Orientierung und Unterstützung.

- Jedes Kind sammelt Naturmaterialien, mit denen es ein Geräusch erzeugen kann, und überlegt sich einen Rhythmus, den es zum Orchester beitragen könnte.

Räuberspiele

Im Räuberlager (S. 115) geht's hoch her. Bei Bewegungsspielen sind Reaktionsfähigkeit, Schnelligkeit sowie ein gutes Gehör gefragt.

Die Schatzräuber

- Zwei Kinder spielen die Räuber. Als Erkennungszeichen tragen sie Hüte. Die anderen Kinder stecken sich jeweils ein Tuch – den wertvollen Schatz – in ihren Hosenbund.

- Auf Ihr Zeichen hin versuchen die Räuber, die Tücher wegzuschnappen. Wer seinen Schatz verloren hat, scheidet aus. Es gewinnt der Räuber, der die meisten Schätze erbeuten konnte.

Räuberhäuptling

- Ziehen Sie einen Kreis von ungefähr drei Metern Durchmesser auf dem Boden. In die Mitte legen Sie einen kleinen Ball, den Schatz.

- Ein Kind ist der Wächter. Er steht im Kreis und muss verhindern, dass jemand den Schatz stiehlt. Die anderen Kinder spielen die Räuber, die um den Kreis herum- sowie ab und zu hineinlaufen, um die Beute zu ergattern. Falls der Wächter einen Räuber dabei erwischt, schlägt er ihn ab. Die Runde ist beendet und die Rollen werden getauscht.

- Gelingt es einem Räuber, den Schatz aus dem Kreis herauszuholen, erhält er einen Punkt. Das Kind, das nach einer vorher bestimmten Zeit die meisten Punkte gesammelt hat, ist der Räuberhäuptling.

Blinder Räuber

- Ein Kind hat die Augen verbunden und spielt den Räuber. Die übrigen Kinder bilden einen Kreis um ihn herum.

- Ordnen Sie reihum jedem Kind eine Farbe zu, sodass immer zwei Kinder die gleiche Farbe haben.

- Sobald Sie eine der Farben rufen, wechseln die betreffenden Kinder ihre Plätze, indem sie den Kreis durchqueren. Der blinde Räuber hört auf die Geräusche, die die Kinder dabei verursachen, und versucht, eines der beiden Kinder zu berühren. Schafft es der blinde Räuber, ein Kind zu erwischen, tauscht dieses mit ihm die Rolle.

Art der Aktivität:
Bewegungsspiele

Bildungsbereich:
Körper, Bewegung und Gesundheit

Kompetenzbereiche:
Motorik, Koordinationsfähigkeit, Kooperationsfähigkeit, Wahrnehmung und Reaktionsvermögen weiterentwickeln, Gemeinschaft erleben

Kinder:
10–20

Schwierigkeitsgrad:
★ ★ ☆ ☆ ☆

Aktivität:
je 10 Min.

Material zu „Die Schatzräuber":
2 Hüte oder Mützen, bunte Tücher

Material zu „Räuberhäuptling":
Straßenkreide, kleiner Ball, Murmel oder Stein

Material zu „Blinder Räuber":
Augenbinde

Abenteuer und Spiele im Wald

Art der Aktivität:
Mitmachgeschichte

Bildungsbereiche:
Sprache und Literacy, Körper, Bewegung und Gesundheit

Kompetenzbereiche:
Wortschatz erweitern, Konzentrationsfähigkeit und Reaktionsvermögen weiterentwickeln, Gemeinschaft erleben

Kinder:
8–12

Schwierigkeitsgrad:
★ ★ ★ ☆ ☆

Aktivität:
10–15 Min.

Material:
–

Langeweile bei Räubermädchen Ruth (1)

Diese Räuber-Mitmachgeschichte können Sie im Räuberlager (S. 115) einsetzen, sie macht aber auch einfach zwischendurch Spaß und lockert ganz nebenbei die Körper- und Gesichtsmuskulatur auf.

So geht's:

- Bei der Mitmachgeschichte gehört zu jeder Rolle eine bestimmte Bewegung. Bei Nennung der jeweiligen Person führen entweder alle Kinder die vorher abgesprochenen Bewegungen aus oder Sie verteilen die Rollen unter den Kindern.

- Folgende Bewegungen bieten sich an:

starker Walter	*Armmuskeln zeigen*
furchtloser Kasimir	*Brust rausstrecken*
sportlicher Bolle	*auf der Stelle laufen*
gut gelaunte Räuberfrau Hilde	*lachen und sich den Bauch halten*
Räubermädchen Ruth	*Grimassen ziehen*
zittern und mit den Zähnen klappern	*mit den Zähnen klappern*
Mensch	*mit dem ganzen Körper wackeln*
Mädchen	*auf der Stelle hüpfen*

Langeweile bei Räubermädchen Ruth (2) – Vorlesegeschichte

In einem dunklen Wald, an einem geheimen Ort wohnen die gefürchteten Räuber. Das sind: der **starke Walter**, der **furchtlose Kasimir**, der **sportliche Bolle**, die **gut gelaunte Räuberfrau Hilde** und das **Räubermädchen Ruth**.

Die **Menschen** aus den umliegenden Dörfern haben große Angst vor den Räubern. Darum haben sie sich seit Monaten nicht mehr in den Wald getraut. Wenn sie durch den Wald müssen, **zittern** sie und **klappern** vor Furcht mit den **Zähnen**.

Dem **Räubermädchen Ruth** ist langweilig. Und wie langweilig ihr ist. Sie möchte endlich einmal wieder mit einem Kind spielen und nicht immer nur mit ihrer Räuberfamilie zusammen sein. Und wenn dem **Räubermädchen Ruth** langweilig ist, dann haben der **starke Walter**, der **furchtlose Kasimir**, der **sportliche Bolle** und die **gut gelaunte Räuberfrau Hilde** nichts mehr zu lachen. Das **Räubermädchen Ruth** quengelt und zetert, es jault und schimpft.

Der **starke Walter**, der **furchtlose Kasimir**, der **sportliche Bolle** und die **gut gelaunte Räuberfrau Hilde** versuchen alles, um das **Räubermädchen Ruth** zu beschäftigen.

Der **starke Walter** nimmt es auf dem Arm und wirbelt es in der Luft herum. Aber das **Räubermädchen Ruth** langweilt sich. Der **furchtlose Kasimir** geht mit ihr durch den ganzen Wald. Aber **Räubermädchen Ruth** langweilt sich. Der **sportliche Bolle** macht mit ihr ein Wettrennen nach dem anderen. Doch **Räubermädchen Ruth** langweilt sich immer noch. Auch die **gut gelaunte Räuberfrau Hilde**, die ihr einen Witz erzählt, schafft es nicht, sie aufzuheitern.

Als alle Räuber schon aufgeben wollen, hören sie ein Pfeifen. Neugierig schaut das **Räubermädchen Ruth** zwischen den Büschen hindurch. Dort geht kein **Mensch**, der vor Angst **zittert** und mit den Zähnen **klappert**, sondern ein kleines **Mädchen**. Ehe es sich der **starke Walter**, der **furchtlose Kasimir**, der **sportliche Bolle** und die **gut gelaunte Räuberfrau Hilde** verse-hen, springt das **Räubermädchen Ruth** aus dem Gebüsch und stellt sich vor das **Mädchen**. Das **Räubermädchen Ruth** freut sich sehr, endlich ein anderes Kind im Wald zu treffen. Auch das **Mädchen** freut sich. Beide verstehen sich auf Anhieb. Sie kichern, lachen und spielen.

Das **Räubermädchen Ruth** ist nun sehr gut gelaunt. Und die Räuber? Der **starke Walter**, der **furchtlose Kasimir**, der **sport-liche Bolle** und die **gut gelaunte Räuberfrau Hilde** sind sehr froh, dass dem **Räubermädchen Ruth** endlich nicht mehr lang-weilig ist.

Abenteuer und Spiele im Wald

Art der Aktivität:
Gestalten / Exkursion

Bildungsbereich:
Forschen und entdecken

Kompetenzbereiche:
Wahrnehmung weiterentwickeln, Geräusche erkennen und zuordnen

Kinder:
5 – 10

Schwierigkeitsgrad:
★ ★ ★ ☆ ☆

Aktivität:
30 Min.

Material zu „Waldgeräuscheplakat":
Papier, Stifte, Schere, Klebstoff, Tonkarton

Material zu „Geräuschespaziergang":
–

Typische Waldgeräusche

Im Wald gibt es einige charakteristische Geräusche. Viele davon sind den Kindern vertraut und sie können sie zuordnen. Unternehmen Sie mit den Kindern Exkursionen und nehmen Sie dabei die unterschiedlichen Geräusche des Waldes bewusst wahr. Je öfter sich die Kinder mit dieser Aufgabenstellung befassen, desto sensibler werden sie für die klangliche Seite ihrer Umwelt.

Waldgeräuscheplakat

- Die Kinder überlegen, welche typischen Geräusche sie mit dem Wald verbinden.
- Dann erstellen sie ein Waldgeräusche-Plakat. Dafür zeichnen sie für jedes Waldgeräusch ein Symbol, schneiden es aus und kleben es auf, z. B.:
    - Rascheln von Mäusen oder Vögeln im Laub
    - Wind, der Blätter rauschen lässt
    - Wind, der Äste knacken lässt
    - Insektenbrummen
    - Regen, der auf Blätter trommelt
    - Vogelgezwitscher
    - Ruf des Kuckucks.
- Betrachten Sie anschließend gemeinsam das Plakat. Jedes Kind stellt sein Symbol vor.

Tipp:

Wenn möglich, versuchen Sie im Anschluss an die Aktivität die Geräusche im Wald zu erleben. Auf diese Weise erhalten die Kinder eine bleibende Erinnerung daran. Entdeckt jedes Kind sein Geräusch?

Geräuschespaziergang

- Unternehmen Sie einen Spaziergang und machen Sie z. B. an einer Waldlichtung Rast.
- Dort setzen oder legen sich alle hin und lauschen. Welche Geräusche sind typisch für den Wald? Welche Geräusche haben sie bereits auf ihrem Waldgeräusche-Plakat festgehalten?
- Vertiefen Sie die Hörerlebnisse mit einem Spiel: Dazu zeigen die Kinder nacheinander in eine Richtung, aus der sie ein Geräusch hören. Die anderen versuchen möglichst schnell, das Gehörte zu benennen.

Unheimliche Waldgeräusche

Bei dieser Aktivität setzen sich die Kinder ebenfalls mit Waldgeräuschen auseinander, jedoch in Form von Tonaufnahmen. Können die Kinder die Waldtiere und Naturgegebenheiten, die diese Geräusche verursachen, erkennen? Falls Sie eine Nachtwanderung mit den Kindern planen (S. 126), ist diese Aktivität besonders gut geeignet, die Kinder darauf vorzubereiten.

Vorbereitung:

Besorgen Sie eine Geräusche-CD oder laden Sie unter *www.hoerspielbox.de* Waldgeräusche herunter. Suchen Sie sich passende Geräusche aus, die Sie später den Kindern vorspielen.

So geht's:

- Die Kinder sitzen im Kreis zusammen. Legen Sie in die Mitte die Bilder, zu denen Sie Geräusche abspielen wollen.

- Besprechen Sie mit den Kindern, was auf den Bildern dargestellt ist. Wissen sie, welche Geräusche die Tiere machen bzw. welche Geräusche in den abgebildeten Situationen entstehen? Haben sie diese vielleicht sogar schon einmal gehört?

- Spielen Sie im Anschluss ein Geräusch vor. Die Kinder sollen nun erraten, von wem oder was es stammt. Wurde es richtig benannt, spielen Sie das nächste Geräusch vor.

- In einem Gespräch teilen die Kinder mit, welche Geräusche sie als angenehm und welche als unangenehm, vielleicht auch als unheimlich empfinden.

- Vertiefen Sie den Austausch, indem sie fragen, welche weiteren Geräusche die Kinder als unheimlich empfinden und wie sie sich verhalten, wenn sie diese hören.

Variante:

Führen Sie das Angebot mit einer Kleingruppe in einem abgedunkelten Raum durch. In der Dunkelheit nehmen die Kinder die Geräusche wahrscheinlich intensiver war, da sie sich stärker auf ihren Hörsinn verlassen müssen und der Sehsinn nicht nutzbar ist. Erkennen die Kinder die Geräusche? Klingen sie genauso wie bei Tageslicht? Klingen einige gruseliger? Wie fühlen sich die Kinder dabei? Welche Geräusche machen ihnen vielleicht sogar Angst? Tauschen Sie sich im Anschluss mit den Kindern über ihre Wahrnehmungen und Empfindungen aus.

Art der Aktivität:
Wahrnehmungsspiel

Bildungsbereiche:
Forschen und entdecken, Körper, Bewegung und Gesundheit

Kompetenzbereiche:
Wahrnehmung weiterentwickeln, Geräusche erkennen und zuordnen, Gefühle erkennen

Kinder:
5–10

Schwierigkeitsgrad:
★ ★ ★ ☆ ☆ ☆

Aktivität:
15–30 Min.

Material:
CD mit typischen Waldgeräuschen oder Computer mit Internetzugang, Bilder der entsprechenden Waldtiere bzw. Naturgegebenheiten

Abenteuer und Spiele im Wald

Art der Aktivität:
Klanggeschichte

Bildungsbereiche:
Kreativität und Musik,
Sprache und Literacy

Kompetenzbereiche:
Fantasie und Kreativität entfalten, musikalische Erfahrungen vertiefen

Kinder:
5–10

Schwierigkeitsgrad:
★ ★ ★ ☆ ☆

Aktivität:
15–30 Minuten

Material:
Instrumente (z. B. Klanghölzer,
Xylophon, Tamburin), Alltags-
materialien (z. B. Butterbrot-
papier, Murmeln, Kies, Kamm,
Plastikschüsseln, Rührlöffel)
Naturmaterialien (z. B. trockene
Zweige, trockenes Laub, Sand),
großes Tuch, ggf. Aufnahme-
gerät

Im Wald, da ist was los (1)

Nachdem die Kinder in den vergangenen Angeboten verschiedene Waldgeräusche kennengelernt haben, setzen sie nun ihre Erfahrungen mittels
Instrumenten, Alltags- und Naturmaterialien sowie selbst erzeugten Geräuschen in einer Klangeschichte um. Greifen Sie dazu beispielsweise auf
die Aktivgeschichte des Kapitels zurück oder verwenden Sie die Geschichte
von Seite 125.

So geht's:

- Legen Sie die Instrumente und anderen Materialien bereit und decken Sie
  sie mit einem Tuch zu.

- Lesen Sie die Geschichte vor und besprechen Sie mit den Kindern den
  Inhalt. Welche Tiere bzw. Personen kommen darin vor? Was tun sie bzw.
  welche Geräusche werden erzeugt?

- Dann entfernen Sie das Tuch und geben den Kindern die Gelegenheit, mit
  den Instrumenten und Materialien zu experimentieren.

- Überlegen Sie anschließend beim zweiten Lesen gemeinsam, welche
  Geräusche eingesetzt werden sollen, und bringen Sie auch die körper-
  eigenen Instrumente ins Spiel, falls die Kinder nicht von selbst darauf
  kommen sollten.

- Klären Sie dann, wer welche Rolle in der Geschichte übernimmt. Falls die
  Kinder unerfahren sind, bietet es sich u. U. an, dass immer zwei Kinder
  eine Rolle übernehmen, bis alle im Ablauf sicher sind.

- Beim dritten Vorlesen erzeugen die Kinder nun passend zum Text die
  entsprechenden Geräusche. Die unterstrichenen Wörter geben die
  verschiedenen Rollen, die fett ausgezeichneten die vorgesehene Ge-
  räuschuntermalung an, z. B.:

  – rascheln: mit trockenem Laub rascheln, Pergamentpapier knüllen, viele
    Murmeln in einer Plastikschüssel rollen lassen

  – knacken: trockene Zweige zerbrechen, Klangstäbe aufeinanderschlagen

  – tippeln: hohe Töne des Xylophons kurz anschlagen, Klangstäbe auf-
    einanderschlagen, mit den Fingerspitzen auf dem Tamburin trommeln

  – prasseln: Murmeln oder Kies auf Papier fallen lassen.

Tipps:

- Lassen Sie beim Vorlesen genügend lange Pausen, damit die Kinder
  ausreichend Zeit haben, die Geräusche zu produzieren.

- Helfen Sie dem jeweiligen Kind durch Blickkontakt bei seinem Einsatz.

- Nehmen Sie die verklanglichte Geschichte mit einem Aufnahmegerät
  auf. So haben die Kinder die Möglichkeit, sie anschließend nochmals
  zu hören. Auch bei einem Elternabend lässt ein solches Dokument die
  Eltern an den Erfahrungen ihrer Kinder teilhaben.

- Falls die Kinder beim Thema „Nachtwanderung" oder „Unheimliche
  Waldgeräusche" konkrete Ängste oder Befürchtungen äußern, bietet es
  sich auch an, gemeinsam eine entsprechende Geschichte zu erfinden.

Im Wald, da ist was los (2) – Vorlesegeschichte

Es ist schon dunkel im Wald. Der <u>Wind</u> streicht leise durch die Baumkronen und bringt sanft die Blätter zum **Rascheln**. Viele Tiere schlafen schon in ihren Bauen und Nestern. Nur das kleine <u>Wildschwein</u> bekommt heute gar nicht genug: **Laut schmatzend** frisst es noch schnell ein paar Eicheln, bevor es sich zu seiner Familie legt.

Doch bald ist auch es eingeschlafen und **grunzt leise** im Schlaf. Plötzlich erschrecken die Tiere, weil der <u>Uhu</u> immer und immer wieder ganz aufgeregt durch den Wald **ruft**. Er will die anderen Tiere warnen, denn er hat etwas im Wald entdeckt: **Gemurmel** und das **Knacken** von Ästen haben ihn aufmerksam gemacht. Mal hört man das **Gemurmel** und das **Knacken von links**, mal hört man das **Gemurmel** und das **Knacken von rechts**. Was das wohl ist?

Nach und nach werden alle Tiere wach. Die <u>Mäuse</u> **trippeln** aufgeregt aus ihren Löchern und **schnüffeln** mit ihren Näschen. Der <u>Hirsch</u> wacht auf und **röhrt** einmal laut. Die ganze <u>Wildschweinfamilie</u> ist wieder auf den Beinen und **grunzt** durcheinander. Die <u>Eichhörnchen</u> **springen** von Ast zu Ast. Dabei **prasseln** Eicheln und Bucheckern auf den Waldboden. Der <u>Specht</u> kommt aus seiner Höhle und **hämmert** los.

Der <u>Dachs</u> aber steckt die Nase aus seinem Bau und **gähnt** erst einmal herzhaft. „Was ist denn hier los?", wundert er sich. Doch das **Gemurmel** und das **Knacken** kommen näher und werden immer **lauter**. Und da merkt auch der verschlafene Dachs, dass heute Nacht etwas Ungewöhnliches im Wald vor sich geht. Er schaut vorsichtig durchs Gebüsch. Und was sieht er? – Menschen gehen durch den Wald. Zwei, drei, nein, fünf sind es. Sie unterhalten sich leise **murmelnd** und treten immer wieder auf trockene Äste, die **knacken**. „Was die wohl hier machen?", denkt der Dachs. Aber weil sich das **Gemurmel** und das **Knacken** schon wieder entfernen, dreht er sich einfach um und verschwindet wieder in seinem Bau.

Als die <u>Mäuse</u> das sehen, **tippeln** sie wieder zurück in ihre Löcher, die <u>Wildschweinfamilie</u> **grunzt** noch ein letztes Mal und auch der Hirsch und der Specht gehen wieder schlafen. Nur der <u>Uhu</u> macht in dieser Nacht kein Auge mehr zu und **ruft** ab und zu durch die Nacht.

Abenteuer und Spiele im Wald

Art der Aktivität:
Exkursion / Mitmachgeschichte

Bildungsbereiche:
Sprache und Literacy, Körper,
Bewegung und Gesundheit,
Miteinander leben

Kompetenzbereiche:
Gemeinschaft erleben,
Sprachkompetenz ausbauen,
Wahrnehmung, Motorik und
Koordinationsfähigkeit weiter-
entwickeln, Gefühle erkennen
und verarbeiten

Kinder:
8 – 16

Schwierigkeitsgrad:
★ ★ ★ ☆ ☆

Aktivität:
15 – 45 Min.

Material:
Friedhofskerzen oder Wind-
lichter, Feuerzeug

Material pro Kind:
Taschenlampe

Nachtwanderung (1)

Den bekannten Wald einmal im Dunkeln zu erfahren, wird für die Kinder
bestimmt ein unvergessliches Erlebnis sein und bietet sich z. B. als Kinder-
gartenabschluss mit Übernachtung für die zukünftigen Schulkinder an. Da
insbesondere die Kombination Wald und Dunkelheit bei einigen Kindern
Ängste auslösen kann, stehen bei den folgenden Aktivitäten diese emotionalen Aspekte im Vordergrund. Die erlebnisreiche Mitmachgeschichte
(S. 127) handelt von einer Nachtwanderung durch den Wald und thematisiert Angstgefühle. Entstehende Spannungen werden durch die Erkenntnis
aufgelöst, dass Ängste nicht immer einen realen Grund haben, sondern
häufig von der eigenen Fantasie gespeist werden. Mit dieser Geschichte
können Sie eine anstehende Nachtwanderung vorbereiten.

Vorbereitung:

Erkunden Sie bei einem gemeinsamen Spaziergang mit den Kindern im
Vorfeld der Nachtwanderung die Möglichkeiten und Wege des Waldes.
Erfragen Sie, ob die Kinder schon einmal eine Nachtwanderung
gemacht und wie sie sich dabei gefühlt haben. Lassen Sie Raum für
einen Austausch. Sprechen Sie anschließend Verhaltensregeln ab, die
den Kindern Sicherheit geben, z. B.: „Wir bleiben immer zusammen.“

So geht's:

- Bei der Nachtwanderung dürfen die Kinder selbstverständlich ihre
  Taschenlampen benutzen.

- Ein zusätzliches Highlight ist eine mit Kerzen beleuchtete Strecke. Bitten
  Sie eine Kollegin, mit Windlichtern einen Weg zu markieren.

- Suchen Sie einen gemütlichen Ort. Dort sollen die Kinder ruhig verharren,
  den Geräuschen lauschen, die Umgebung betrachten und anschließend
  ihre Eindrücke in Worte fassen.

Tipps:

- Falls Sie eine Nachtwanderung ohne Übernachtung im Kindergarten
  planen, wählen Sie den Herbst oder Winter für die Exkursion, da es dann
  schon früh dunkel wird.

- Beachten Sie, dass manche Kinder möglicherweise Angst im Dunkeln
  oder vor der Nachtwanderung haben. Versuchen Sie die Kinder zu
  ermutigen, indem Sie vor und während des nächtlichen Spaziergangs
  Spiele anbieten.

- Eine weitere Möglichkeit, den Kindern Sicherheit zu geben, ist, mit ihnen
  Schutzamulette (S. 128) herzustellen, die die Kinder zu Beginn der
  Nachtwanderung anlegen.

Nachtwanderung (2)

Wir gehen im Dunkeln durch den Wald

- Stimmen Sie die Kinder ein, indem Sie sie fragen, wer schon einmal im Dunkeln im Wald war. Fragen Sie nach, wie die Dunkelheit dort erlebt wurde. Geben Sie den Kindern Zeit, sich über ihre Erfahrungen auszutauschen.

- Lesen Sie dann den Kindern den Text vor und untermalen sie ihn mit passenden Bewegungen, die die Kinder nachahmen.

- Bitten Sie die Kinder zu erzählen, worum es in der Geschichte geht, und arbeiten Sie heraus, welche Tiere bzw. realen Gegebenheiten hinter den Angst machenden Geräuschen und Empfindungen stecken.

- Anschließend schlagen Sie vor, dass sich nun alle vorstellen, eine Nachtwanderung durch den Wald zu machen. Lesen Sie die Geschichte noch einmal vor und alle begleiten sie mit Bewegungen:

Heute lade ich euch ein, mit mir bei Nacht im Wald zu sein.	*auf der Stelle gehen*
Was werden wir hören? Können wir sehen, wenn wir durch das Dunkel gehen?	*Schultern hochziehen, zuerst auf die eigenen Ohren, dann auf die eigenen Augen zeigen*
Oh, ich höre ein Knacken und Gurren! Hörst du auch das Rascheln und Schnurren?	*flache Hand lauschend hinter das Ohr legen*
Waren das Geister, war das ein Tier?	*ängstlich nach allen Seiten schauen*
Gehen wir lieber weg von hier!	*schnell auf der Stelle gehen*
Hilfe, wer zieht an meinem Fuß? Hör bloß damit auf, lass mich mal los!	*einen Fuß etwas vom Boden heben und damit wackeln*
Das ist mir zu gruslig, ich brauche ein Licht. Ich seh ja die Hand vor Augen nicht.	*Arme schützend um den Körper legen* *flache Hand vor die Augen halten*
Knipst eure Taschenlampen an, damit man hier was erkennen kann.	*imaginäre Taschenlampen anknipsen und damit herumleuchten*
Jetzt seh ich's genau: Geister warn's keine!	*flache Hand über die Augen halten, nach rechts und links schauen*
Hier gibt es nur große und kleine Bäume.	*Arme zuerst nach oben strecken, dann in die Hocke gehen*
Auch war das Ziehen am Fuß nicht echt: Das war ja nur das Wurzelgeflecht.	*einen Fuß etwas vom Boden heben und damit wackeln*
Nun bin ich mir sicher, jetzt weiß ich Bescheid: Der Wald ist genau wie bei Helligkeit.	*mit dem Zeigefinger an die Schläfe tippen*
War mir der Wald zuerst nicht geheuer, ist er mir jetzt ein Abenteuer!	*Hand zur Faust ballen und mit den Daumen nach oben zeigen*
Ich freue mich schon und sage: Auf bald! Dann gehen wir wieder bei Nacht in den Wald.	*winken* *auf der Stelle gehen*

Abenteuer und Spiele im Wald

Art der Aktivität:
Gestalten

Bildungsbereiche:
Kreativität und Musik,
Miteinander leben

Kompetenzbereiche:
Fantasie und Kreativität
entfalten, Feinmotorik weiterentwickeln, Ritual kennenlernen, Gefühle erkennen und
verarbeiten, Unsicherheit
überwinden

Kinder:
4–6

Schwierigkeitsgrad:
★★☆☆☆

Aktivität:
10–30 Min.

Material:
Bilder mit verschiedenen
Amuletten, Naturmaterialien
(z. B. Federn, kleine Steinchen,
Moos), Schere, Klebstoff,
Farbe, Pinsel, ggf. Glitzer,
Pailletten, Schnur

Material pro Kind:
durchbohrte Holzscheibe
(Ø ca. 4 cm)

Schutzamulette aus Naturmaterialien

Bereits seit der Steinzeit dienen Amulette in vielen Kulturen als Glücksbringer, die ihren Träger vor Schaden bewahren sollen. Greifen Sie auf diese
Vorstellung zurück und stellen Sie mit den Kindern Schutzamulette aus
Naturmaterialien her, die die Kinder vielleicht bereits selbst gesammelt
haben. Diese Aktivität kann den Kindern als Vorbereitung zur Nachtwanderung (S. 126) Sicherheit geben, Sie können sie aber auch unabhängig
davon anbieten.

So geht's:

- Zur Einstimmung auf das Kreativangebot tauschen Sie sich mit den
  Kindern aus. Fragen Sie, wer weiß, was ein Glücksbringer ist. Haben
  die Kinder vielleicht selbst einen Glücksbringer?

- Erzählen Sie, dass ein Amulett ein solcher Glücksbringer ist, der auch
  vor Schaden schützen soll, und zeigen Sie den Kindern Bilder von verschiedenen Amuletten.

- Dann schlagen Sie vor, dass die Kinder sich ein persönliches Schutz-
  amulett gestalten. Regen Sie sie an zu erzählen, wovor sie ihr Amulett
  im Wald beschützen könnte.

- Zeigen Sie den Kindern die Holzscheiben, die sie für die Amulette verwenden werden, und gehen Sie ggf. anschließend gemeinsam in den
  Wald, um passende Naturmaterialien zur Ausgestaltung zu sammeln.

- Legen Sie die Holzscheiben und Naturmaterialien bereit.

- Jedes Kind verziert eine Holzscheibe nach seinen Vorstellungen.

- Zum Schluss ziehen die Kinder eine Schnur zum Umhängen durch das
  Loch.

Tipp:

Versehen Sie die Amulette nach der Fertigstellung mit den Namen der
Kinder und verwahren Sie diese. Zu Beginn der Nachtwanderung überreichen sie jedem Kind feierlich sein Amulett und erklären, dass das Tragen
der Amulette die Kinder vor Dingen schützt, die sie ängstigen.